작은 도시 큰 기업

작은 도시 큰 기업

글로벌 대기업을 키운 세계의 작은 도시 이야기

모종린 지음

RHK
알에이치코리아

CONTENTS

·
·

작은 도시
큰 기업 이야기

·
·

이 책을 쓸 때 내 마음속에는 두 가지 바람이 자리했다. 첫째는 대한민국만의 라이프스타일과 각 도시의 정체성이 확립되기를 바랐다. 둘째는 그 정체성을 바탕으로 새로운 기업이 각 도시에 뿌리를 내려 마침내는 세계적인 기업으로 성장하길 바랐다. 이 두 가지 바람은 이 책을 통해 꼭 이루고 싶은 목표이기도 하다.

많은 사람이 일자리를 찾기 위해 대도시로 몰려든다. 대다수 기업이 대도시, 즉 서울을 중심으로 한 경제 중심지에 몰려 있다. 사람들은 대기업에 취직해 화려한 대도시의 삶을 사는 게 '성공한 인생'이라고 생각한다. 하지만 정말 그렇게 살아야만 '성공'한 걸까? 경쟁 풍토가 지배적인 우리 사회에서 무언의 압박과 고정관념이 만들어낸 허상은 아닐까? 이제 성공에 대한 협소한 정의는 던져버리고, 빤한 사고방식에서도 벗어나고 싶다.

시선을 돌려 바깥 나라를 둘러보니 세계적인 대기업이 작은 도시에서 성장한 사례가 제법 많았다. 왜 대도시가 아닌 작은 도시를 선택했을까? 작은 도시만의 매력은 과연 무엇일까? 대기업을 유치한 작은 도시에는 분명 큰 비밀이 있으리라고 생각했다. 만일 그 비밀을 밝힐 수 있다면, 대도시 과밀화 문제가 심각한 우리나라의 지역 발전에 큰 희망을 줄 수 있으리라.

그래서 떠났다. 작은 도시의 비밀을 찾아 지난 1년간 7개 국가의 11개 도시를 방문했다. 영국, 프랑스, 스위스, 스웨덴 등 유럽의 4개국과 미국, 일본, 호주를 선택했다. 이들 각 나라의 작은 도시를 둘러보니, 그곳에 사는 사람들은 우리나라 사람처럼 대도시에 목을 매지 않았다. 그들은 자신의 삶의 터전인 중소도시에 충분히 만족하며 여유로운 일상을 누렸다.

어떻게 작은 도시에 살면서도 만족스러움과 여유로움을 느끼는 걸까? 그들이 온순하고 부드러운 성격을 지녔기 때문일까? 아니다. 그들이 사는 도시는 비록 '작은' 규모지만 그 속에는 세계적인 '큰' 기업이 있다. 탄탄한 산업 기반은 그들에게 안정적인 일자리를 제공하고, 도시의 정체성을 고수하고 지켜나가는 지역민들의 문화는 다시 기업에 창의적인 영감을 제공한다. 그들의 생태계가 부러웠다. 작은 도시지만 세계적인 기업을 유치한 데서 우러나는 당당한 자신감도 부러웠다. 나는 그 자신감을 우리나라에서도 찾고 싶다.

사실 한 나라 경제에서 작은 도시가 어떤 역할을 하는지는 그 나라의 지역 분권 수준에 달려 있다. 지역 분권이 잘되어 있을수록 작은 도시가 독립적인 산업 기반을 가지고 발전할 가능성이 높다. 우리나라는 중앙정부에 권력이 집중된 단일 정부 국가다. 반면 독일은 중앙정부와 지역정부가 권력을 공유하는 연방제 국가다. 이렇듯 서로 다른 정치체제에 따라 작은 도시의 양상이 다를 수 있으므로, 경제 중심지 쏠림이 심한 나라(프랑스, 일본, 영국)와 그렇지 않은 나라를 골고루 방문하기로 했다.

내가 간 도시 중에는 그 나라의 경제 중심지인 곳이 한 군데도 없다. 맨체스터가 영국의 인구 순위 3위, 툴루즈가 프랑스의 인구 순위 4위인 도시고, 나머지는 모두 각 나라에서 인구 순위 5위 밖에 있는 작은 도시다.

작지만 큰 기업을 품은 도시들은 일자리가 많고 인프라가 탄탄하며 적당한 주택 가격을 유지한다. 또한 자연환경과 교육환경이 잘 갖춰져 있으며 곳곳에서 문화와 예술의 향기를 맡을 수 있다. 흔히 말하는 '살기 좋은' 도시다. 하지만 그런 요소가 전부는 아니다. 살기 좋은 도시의 일반적인 조건을 초월하는 무언가가 있다. 바로 차별화된 라이프스타일이다. 그 도시 사람들만의 가치관, 생활 양식, 소비 형태가 어우러져 독특한 라이프스타일을 형성한다. 또한 중심도시와 다른 뚜렷한 문화적 정체성을 추구하며 실제로도 그러한 정체성을 갖고 있다.

요즘 우리나라에서도 부쩍 작은 도시 이야기를 많이 한다. 표심을 의식해 지역 균형 발전을 강조하는 정치인들만 그런 게 아니다. 오랫동안 서울에서 살아온 사람 중에서도 서울 생활을 정리하고 귀농하는 사람이 많아졌다. 그들은 망설임 없이 작은 도시를 찾아 훌훌 떠난다. 본사를 작은 도시로 이전하는 대기업까지 생겼다. 어쩌면 선진국 문턱에 있는 우리나라에서도 다양한 도시 문화에 대한 욕구가 조금씩 샘솟고 있는 것이리라.

내가 큰 기업을 가진 작은 도시에 관심을 둔 이유는 아직 우리나라에는 그런 도시가 없다고 생각하기 때문이다. 현재 우리나라의 각 도시에는 나름의 정체성이 존재하지만, 그 특성이 강하지 않다. 또한 지역을 대표할 만한 기업, 국가 경제를 좌우할 만한 기업을 찾기도 어렵다. 물론 우리나라에도 소득 수준이 중심도시를 능가하는 '강소도시'가 늘고 있다. 하지만 '살기 좋은 도시'의 물질적인 기준만 어느 정도 충족시켰을 뿐, 스스로 큰 기업을 만들 만한 도시로 성장하지는 않았다.

강소도시가 진정 '큰 기업을 유치하는 도시'로 발전하려면 문화적 조건이 물질적 조건만큼 중요하다. 중심도시보다 더 매력적인 라이프스타일을 가지고 있어야 중심도시와 경쟁할 사람과 자본을 유치한다. 단순히 중심도시를 따라가기만 해서는 아무리 노력해도 그 아류에 머무를 뿐이다.

작은 도시의 차별화된 라이프스타일은 지역 기업의 성장을 제한하지 않는다. 오히려 그 지역만의 독특한 라이프스타일이 기업의 경쟁력을 탄탄하게 한다. 내가 방문한 작은 도시 속 큰 기업은 모두 지역 라이프스타일을 활용한 기업 문화와 제품으로 성공했다. 시애틀의 커피 문화가 스타벅스 커피를, 포틀랜드의 아웃도어 문화가 나이키 운동화를, 오스틴의 히피 문화가 홀푸드마켓의 자연식품을 만들었다.

산업화와 민주화에 성공한 우리나라의 다음 과제는 무엇일까? 어떤 사람은 우리나라가 더 혁신적이고 행복한 나라가 되려면 좀 더 다양한 사회가 되어야 한다고 말한다. 무엇이 다양해져야 할까? 개인과 기업의 다양성을 추구하는 사람은 많지만 생활터전인 도시의 다양성을 강조하는 사람은 별로 없다. 생각해보라. 우리는 대부분 시간을 도시에서 생활한다. 우리의 집이 있고 학교나 회사가 있는 이 도시의 환경이 개개인에게 얼마나 많은 영향을 끼칠까? 그런 맥락에서 도시의 다양성은 개인의 다양성을 구축하는 전제 조건일지도 모른다.

지금까지의 이야기를 듣다가 의문이 생기는 사람도 있을 것이다. 사회과학적인 접근을 하는 사람은 "차별적 라이프스타일만으로 작은 도시에서 큰 기업을 만들 수 있을까?"라는 질문을 떠올릴 테고, 인문학적 소양이 풍부한 사람은 "큰 기업이 있어야만 좋은 도시인가?"라고 의심할 것이다. 어떤 질문이나 생각도 환영한다. 더 많이 질문하고 더 오랫동안 생각할수록 작은 도시의 성공에 꼭 필요한 새로운 대안이 나올 것이다.

앞으로도 각 도시만의 독특한 정체성을 품은 기업이 작은 도시에서 더 많이 생겼으면 좋겠다. 작은 도시만의 라이프스타일을 유지하되 세계적인 경쟁력을 가진 기업이 이곳저곳에서 싱싱한 움을 틔우길 바란다. 우리나라의 작은 도시에서 세계적인 기업으로 성장할 파릇한 새싹을 볼 수 있기를 염원한다.

이 책을 쓰면서 수많은 동료, 친구, 제자의 도움을 받았다. 원고 작성 과정에서 자료를 찾고 좋은 의견을 준 박민아, 김희도, 김슬기, 정은비, 조수진, 서은경, 박시원, 김정아, 김정진, 박인영, 박성윤, 이유리, 임슬기,

김보훈, 주혜림, 그리고 나의 연구를 늘 물심양면 지원하는 함재봉 아산
정책연구원 이사장, 원재연 리앤원재단 이사, 김다니엘 TDCO 사장, 김
의성 연세대학 교수께 감사드린다. 나를 믿고 새로운 주제의 책을 출판
한 (주)알에이치코리아 양원석 사장, 이헌상 전무, 송병규 차장께 다시
한번 사의를 표한다.

2014년 4월
모종린

1
PART

자유로움과 새로움으로 재탄생한
미국의 도시들

•
•
•

SEATTLE
Starbucks

PORTLAND
Nike

PALO ALTO
Google

AUSTIN
Whole Foods Market

01

시애틀과 스타벅스

★★★

비와 커피의 도시,
기업의 혁신 문화를 창조하다

스타벅스의 시작을 찾아서

새로운 지역으로 거주지를 옮길 때마다 늘 기대를 품는 매장이 있다. 바로 스타벅스다. 요즘은 스타벅스의 희소성이 예전 같지 않아 어지간한 곳에서도 쉽게 찾아볼 수 있다. 그래도 여전히 많은 사람에게는 스타벅스가 자신이 사는 도시의 품격을 상징한다. 과연 자신이 사는 곳에 스타벅스 매장이 들어서길 희망하는 사람은 나 하나뿐일까?

　스타벅스에 처음 가본 때는 1980년대 말, 시애틀에서였다. 그때만 해도 스타벅스처럼 에스프레소 커피를 파는 커피숍은 흔하지 않았다. 나는 그 당시 난생처음 가본 스타벅스 매장에서 새로운 세상을 만났다. 에

스프레소 커피의 산뜻한 향과 맛, 바리스타와 손님이 친밀하게 나누는 대화, 실용적이면서도 고급스러운 가구와 실내장식. 마치 딴 세상에라도 온 듯 우아하고 고즈넉한 휴식 공간을 제공하는 게 아닌가.

그 이후로 어디를 가든 스타벅스가 있기를 기대했다. 커피의 불모지인 텍사스 오스틴으로 이사했던 1991년, 나는 늘 무엇인가가 부족하다고 느꼈다. 안타깝게도 그곳에는 스타벅스가 없었다. 다행히 몇 년 지나지 않아 오스틴에도 스타벅스가 생겼다. 처음에는 공항에서 간이 매장을 열었지만, 얼마 지나지 않아 도심지에 제대로 된 스타벅스 매장을 열었다. 당연하게도 나는 스타벅스의 오스틴 상륙을 열렬히 환영했다. 마치 그제야 오스틴이 문명의 영향권에 진입한 것처럼 느꼈을 정도다.

1996년 한국으로 귀국했다. 그때부터 다시 스타벅스에 대한 간절한 기다림이 시작되었다. 당시 서울에는 카페가 많았다. 카페에서는 낮에는 차와 다과를, 저녁에는 간단한 술을 팔았다. 1997년 일산으로 이사했을 때, 나는 친구들과 함께 풍동에 있는 한 카페를 자주 찾았다. 주인은 일산에서 여러 개의 카페를 운영하는 사람이었다. 어느 날 나는 그에게 스타벅스와 같은 커피 전문점을 시작해보지 않겠느냐고 권유했다. 앞으로 우리나라에서도 에스프레소 커피를 즐기는 사람이 많아지리라고 생각했기 때문이다. 그런데 주인은 의외의 반응을 보였다. 그는 "우리나라의 0.1퍼센트만을 위해" 새로운 사업을 시작할 수는 없다고 말했다.

이미 다들 알다시피 그의 예측은 빗나갔다. 1999년 7월 27일, 우리나라에도 스타벅스가 들어섰다. 한국의 스타벅스 1호점은 이대 앞이다. 번화가에 있는 3층짜리 매장은 지금도 많은 사람의 발길이 끊이질 않는다. 아쉬운 점은 'The First Starbucks Store in Korea(스타벅스 한국 1호점)'이라고 적힌 작은 동판을 제외하면, 국내 커피 전문점 문화의 선봉이었던 이 역사적인 매장의 특별함을 찾아볼 수 없다. 다른 커피 체인은 신제품을 1호점에서 제일 먼저 선보이는 등 1호점을 우선시하기도 한다. 그러나 스타벅스 1호점은 여느 스타벅스 지점과 다를 바가 없다. 그래서일까? 세계 어디에서나 동일한 매장 운영 방식을 고수하고 동일한 고객 서비스를 제공하는 스타벅스의 경영 방침을 다시 한 번 상기시킨다.

이제 한국에도 스타벅스 간판이 500개가 넘어섰다. 스타벅스는 연 매출 4000억 원을 기록하며 커피 업계 1위를 고수한다. 스타벅스를 시작으로 커피맛에 눈뜬 한국인은 연간 300톤 이상의 원두를 소비함으로써 세계적 커피 브랜드의 주요 소비자가 되었다.

우리는 왜 그렇게 스타벅스를 좋아할까? 곰곰이 생각해보면 단순히 커피 때문만은 아니다. 스타벅스를 즐기고 좋아하는 진정한 이유는 스타벅스가 파는 커피 문화, 아니 스타벅스 문화에 있다. 우리는 스타벅스에서만 경험할 수 있는 문화 체험을 좋아한다. 일단 스타벅스 매장에 들어가 보라. 따뜻하고 세련된 분위기가 우리를 맞이한다. 사람들은 안락한 소파에 앉아 감미로운 음악을 들으며 대화를 나눈다. 그들은 고단한 일과와 도시의 복잡함에서 잠시 벗어나 편안하고 유쾌한 시간을 보낸다.

이것이 전부일까? 아니다. 우리는 스타벅스에서 그 이상을 기대하고 체험한다. 사실 스타벅스가 대변하는 이미지 중 하나는 '성공한 도시인이 모이는 장소'이다. 우리는 스타벅스를 애용함으로써 자신이 도시 라이프스타일을 즐길 줄 아는 사람이며, 또 그만큼 성공한 사람이라고 확인받고 싶어 한다.

스타벅스와 수많은 거래를 해오는 사이에 우리는 무의식적으로 스타벅스를 일상생활의 한 부분으로 받아들였다. 사실 스타벅스가 우리에게 원하는 것도 바로 그 유대관계다. 스타벅스의 CEO인 하워드 슐츠 Howard Schultz는 저서 《온워드》에서 "스타벅스 브랜드는 그 규모와 무관해야 한다. 유대감을 책임질 수 있는 공간, 커피 한잔에 영혼을 담는 공간으로 정의되어야 한다"고 말했다. 또한 "일상적이고 평범한 물건에 특유의 정서와 의미를 불어넣어 그 의미를 재탄생시켜야 한다. 상품에 영혼을 담아야 한다는 뜻이다"[1]라고 스타벅스의 정신을 강조했다. 즉 영혼에 감동을 주고, 사람과 사람이 감정을 주고받으며 유대관계를 맺도록 돕는 것이 스타벅스의 정신이다.

스타벅스의 탄생은 지극히 평범했다. 특별히 감동적인 일화나 반짝이는 아이디어도 없었다. 1971년, 스타벅스 창업자들은 단순히 미국 버클리의 유명한 커피 원두 산매상점인 피츠커피앤드티Peets' Coffee & Tee 같은 가게를 시애틀에서 열고자 했을 뿐이다.

익히 알려졌듯 스타벅스의 역사는 스타벅스에 주방기기를 납품하던 하워드 슐츠가 1981년 스타벅스의 마케팅 책임자로 입사하면서 시작된다. 이탈리아 커피 문화를 좋아했던 슐츠는 스타벅스에서 에스프레소 커피를 만들어 판매하고 싶었다. 그러나 창업자들은 스타벅스가 계속 커피 원두를 산매하는 가게로 남기를 원했다. 결국 슐츠는 스타벅스를 나왔고, 곧 밀라노의 에스프레소 바에서 영감을 얻어 일지오날레

Giornale라는 커피 바를 창업했다. 일지오날레의 원두는 스타벅스가 제공했다.

스타벅스와 슐츠의 인연은 여기서 끝나지 않았다. 커피 바 사업에 성공한 슐츠는 1987년 스타벅스 인수에 성공했고, 드디어 자신의 철학을 스타벅스 브랜드로 실현했다. 그의 스타벅스는 1991년 캘리포니아에 진출했고, 1992년 나스닥 상장과 함께 급격히 성장했다. 결국 스타벅스는 미국 전역에 세워졌고, 더 나아가 전 세계에 수출되었다.

내가 찾은 스타벅스 본사는 예상과 달리 시애틀 도심에서 한참 떨어진 부두에 있었다. 스타벅스 본사는 과거 미국 종합유통업체인 시어스로벅앤드컴퍼니Sears, Roebuck and Company의 창고로 쓰이던 건물로, 지금도 건물 안에는 오피스디포와 시어스 상점이 입주해 있다. 본사 건물 앞에 주차장이 넓게 자리 잡은 탓인지, 스타벅스 센터는 미국에서 흔히 보는 도로변의 스트립 몰(Strip Mall, 번화가에 상점과 식당들이 일렬로 늘어서 있는 곳)처럼 보였다. 건물 꼭대기에 있는 로고를 보지 못했다면 스타벅스 본사인 줄도 모르고 지나칠 뻔했다.

나는 스타벅스 센터 입구에 있는 매장에 들어가 아메리카노 한 잔을 주문하면서 점원에게 물었다. "이곳이 본사니, 다른 지점에서는 살 수 없는 특별한 상품이 있나요?" 점원은 이런 질문은 처음 받는다는 듯한 표정을 지으며 "없습니다"라고 답했다. 내가 본점과 본사에 지나친 의미를 둔 것 같아 계면쩍었다.

본사 내부는 사무실이다. 정문 입구의 조그만 홀에는 스타벅스 본사임을 알리는 사인이나 장식물이 전혀 없다. 본사 건물에서 방문객이 가

스타벅스 센터

볼 만한 곳은 딱 두 곳이다. 하나는 3층에 있는 카페테리아다. 스타벅스 직원들에게 양질의 다양한 음식을 제공하는 것으로 유명하며 관광객도 이용할 수 있다. 카페테리아 옆 복도에는 본사 건물을 건축하는 과정이 담긴 사진이 전시되어 있다.

8층에 올라가면 조그만 기념품 상점이 있다. 규모는 작아도 가방, 셔츠, 문구류, 인형 등 다른 곳에서 구할 수 없는 스타벅스 기념품이 많아서 제법 둘러볼 만하다. 돌아갈 때 부담이 될 것 같아 부피 있는 물건은 집지 않았고, 하워드 슐츠가 쓴 책을 두 권 샀다. 한 남자 직원에게 스타벅스에 대한 이모저모를 물어봤다. 그는 내가 멀리서 온 것을 알고선 스타벅스 명함집을 선물해줬다. 나는 지금도 이 명함집을 들고 다닌다.

기념품 상점 앞의 대기실 중앙에는 방문객들을 위해 마련한 소파가 있다. 벽에는 스타벅스 역사를 설명하는 글과 그림이 붙어 있다. 스타벅스 정도의 회사라면 그럴듯한 기업 역사관이 있을 법한데도, 방문객 대기실 벽면 정도만 홍보 공간으로 사용하니 조금 의외였다. 나중에 알게 된 사실에 따르면, 이 대기실은 약속 있는 방문객을 위해 마련된 공간으로 본사 직원이 나와서 안내하기 전까지 대기하는 장소였다. 스타벅스 본사에 업무가 없는 일반 관광객은 기념품 가게를 나오면 갈 곳이 없다.

소박한 스타벅스 본사를 나오면서 왠지 모를 아쉬움을 느꼈다. 뭔가 특별한 점이 있으리라고 기대한 본사가 너무 평범해서였을까? 그보다는 스타벅스 본사에서 시애틀을 발견하지 못한 이유가 크다. 나를 시애틀로 이끈 것은 도시 자체에 대한 호기심이었다. 현대인의 라이프스타일을 바꾼 스타벅스를 탄생시킨 시애틀이 궁금했다. 시애틀의 무엇이 스타벅스를 만든 것일까? 시애틀과 스타벅스의 연결고리는 본사가 아닌 다른 곳에서 찾아야 했다.

여유와 낭만이 스며 있는 유니언 호수

내가 발견한 시애틀과 스타벅스의 연결고리는 바로 커피 문화와 라이프스타일이다. 시애틀은 미국에서 가장 카페인을 많이 소비하는 도시다. 하워드 슐츠가 에스프레소 커피를 파는 상점을 개업했을 때, 이미 시애틀은 그 당시 다른 도시에서는 찾기 어려웠던 갓 볶은 커피 원두를 많이 소비했다. 스타벅스 외에도 툴리스커피Tullys Coffee, 시애틀스베스트커피 Seattle's Best Coffee 등 많은 커피 체인이 시애틀에서 시작하고 성장했다. 개인이 운영하는 커피 바도 많다. 그중 카페비타Caffe Vita, 발라드커피웍스 Ballard Coffee Works 등은 전문가가 높이 평가하는 커피의 명가다. 시애틀 커피 문화는 미국 커피 문화의 중심지답게 다양하고 풍부하다.

시애틀 시민도 커피 문화에 상당한 자부심을 품고 있다. 커피는 시애틀레이트(Seattleite, 시애틀 지역민을 지칭하는 용어)에게 단순한 음료가 아닌 하나의 라이프스타일이다. 시애틀에서는 날씨와 상관없이 커피 한잔과 책 한 권을 들고 휴식을 즐기는 사람들의 모습을 곳곳에서 쉽게 볼 수 있다.

시애틀은 여유로운 생활을 즐기는 도시이기도 하다. 때로는 너무나 평화로운 일상이 지루해 보이기도 한다. 그래서 시애틀레이트는 여유를 잃지 않으면서도 다채롭고 풍요로운 삶을 살기 위해 노력한다. 때론 그들도 '경제적인 성공을 위해 돌진하는' 실리콘밸리의 역동적인 문화를 부러워하지만, 아직은 여유로움을 지키면서 실리콘밸리와 경쟁한다. 시애틀의 여유로움은 스타벅스 매장에 그대로 전이됐다. 우리는 스타벅스가 제공하는 커피와 문화를 통해 시애틀의 여유로운 생활을 즐기는 셈이다.

시애틀 라이프스타일은 날씨와 관계가 깊다. 시애틀은 자타가 인정하는 비의 도시다. 늦가을에서 늦봄에 이르기까지, 거의 매일 비가 온다. 해도 일찍 지기 때문에 시애틀의 가을과 겨울, 봄은 어둡고 춥고 우울하다. 비는 이미 시애틀 일상의 일부다. 비록 정해진 날은 없지만 해를 거르지 않고 매년 '비 축제Rain Festival'를 개최한다. 우중충한 기후에서 활기를 찾기는 쉽지 않다. 그래서인지 시애틀 주민은 유난히 사람들과 함께하는 대화와 커피를 좋아한다. 그럼으로써 우울함을 달래는 듯한 인상도 받았다.

커피, 아웃도어, 안개와 비, 여유와 여가로 대표되는 시애틀 라이프 스타일이 미국 전역에 알려지기 시작한 때는 1970년대부터이다. 트렌드에 민감한 할리우드가 시애틀을 그냥 둘 리가 없다. 할리우드는 1990년 초반부터 시애틀을 배경으로 많은 영화를 만들었다. 시애틀이 배경인 영화 중 가장 인상적인 영화는 〈시애틀의 잠 못 이루는 밤Sleepless in Seattle〉이다. 시카고에 살다가 부인을 잃은 주인공 톰 행크스는 아들을 데리고 시애틀에서 새로운 삶을 시작한다. 그가 선택한 동네는 유니언 호수, 그의 집은 호수에 떠 있는 낭만적인 보트 하우스다.

유니언 호수의 보트 하우스 지역은 접근하기가 쉽지 않았다. 관광 안내 책자가 소개한 대로 유니언 호수 북쪽에 있는 가스웍스 공원이 보트

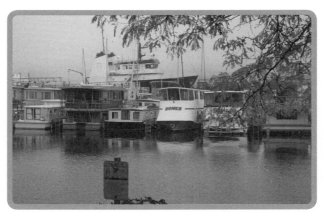

유니언 호수의 보트 하우스

하우스를 구경하기 좋은 최적의 장소다. 안개가 짙게 깔리고 보슬비가 내리는 시애틀의 전형적인 날씨 속에서, 나는 그림같이 아름다운 보트 하우스를 만났다.

영화의 주인공이 새로운 인생을 시작하는 장소로 시애틀을 선택한 것은 우연이 아니다. 실제로 현재 시애틀에서 사는 주민의 41퍼센트는 외지에서 온 사람들이다. 그중 28퍼센트가량은 미국의 다른 지역에서 살다가 새로운 보금자리를 찾아 이사해 온 사람들이다. 역사적으로도 시애틀은 새로운 삶을 찾는 사람이 많이 모이는 곳이다. 19세기 시애틀은 '알래스카의 길목'으로 불렸다. 알래스카로 가는 사람, 그리고 그 너머 아시아로 가는 사람이 거쳐 가는 곳이 바로 시애틀이었기 때문이다.

기업의 혁신 문화를 보여주는 산업역사박물관

라이프스타일을 빼고 시애틀과 스타벅스의 관계를 이야기할 수 없다. 하지만 라이프스타일 못지않게 스타벅스의 성공에 중요한 역할을 한 요소가 있다. 바로 시애틀의 혁신 문화다.

시애틀은 새로운 기업이 성공하는 도시다. 시애틀에서 성공한 기업은 스타벅스만 있는 게 아니다. 마이크로소프트, 코스트코, 아마존, 어도비 등 세계적인 기업을 다수 배출했다. 새로운 기업이 계속해 출현하고, 또 그 기업들이 크게 성장하는 이유는 시애틀에 새로운 기업을 지원하는 문화와 자원이 풍부하기 때문이다. 스타벅스도 시애틀 투자가들의 도움으로 사업을 시작하고 확대했다. 코스트코 창업자인 제프리 브로트먼Jeffrey Brotman도 스타벅스의 초기 투자자 중 한 명이다.

시애틀의 혁신 문화는 스타벅스의 기업공개(법정 절차에 따라 주식을 일반 대중에게 분산하고 재무 내용을 공시하는 일) 후에도 지속적인 영향을 미쳤다. 하워드 슐츠는 저서 《스타벅스 커피 한잔에 담긴 성공 신화》에서 같은 도시에 있는 마이크로소프트를 보면서 혁신 문화의 중요성을 깨달았다고 고백했다. 한때 컴퓨터 소프트웨어 시장을 독점한 마이크로소프트가 모바일 기기와 SNS 시장에서 낙오하는 과정을 지켜보면서, 그는 끊임없는 혁신으로 스타벅스를 지키겠다고 다짐했다.[2]

그렇다면 과연 시애틀의 혁신 문화란 무엇일까? 혁신 문화를 체험할 수 있는 가장 좋은 장소는 유니언 호수 남쪽에 있는 산업역사박물관MOHAI: Museum Of History And Industry이다. 산업역사박물관은 19세기 초의 작은 도시가 세계적인 항구도시로 성장하기까지, 역사 속에 등장하는 시애틀 기업들의 발전사를 한눈에 보여준다. 아마존의 창업자 제프 베조스Jeff Bezos는 시애틀 기업의 혁신 전통을 기념하고 교육하기 위해 1000만 달러를 기부했다. 그리하여 2013년 10월, 박물관 안에 시애틀이 어떻게 창조 도시가 될 수 있었는지를 자세히 보여주는 베조스혁신센터가 열렸다.

베조스혁신센터에 입장하면 시애틀의 발명품을 전시한 '벽 집Wall House'이 제일 먼저 눈에 들어온다. 아웃도어 의류업체인 에디바우어가 처음 생산한 다운재킷, 워싱턴 대학 과학자가 만든 네온등과 음파 전기 칫솔, 자전거 폴로 말렛, 레인 글러브 등 시애틀의 여러 발명품이 벽 집

안에 전시되어 있다.

그중에서도 혁신적인 기업이 만들어지는 과정을 보여준 포스터 한 장이 내 관심을 끌었다. 포스터에 따르면 아이디어, 자금 조달, 창업, 건설, 확장, 기업공개 등 6단계를 거친 상품화를 통해 혁신이 이루어진다. 단순히 아이디어와 연구 활동만으로는 혁신이 불가능하다. 이 포스터에서 혁신의 성공 사례로 소개된 기업은 모두 시애틀 기업이다. 첫 번째 사례는 스타벅스다. 카페에서 커피를 판다는 아이디어가 어떻게 기업공개로 연결되었는지를 설명한 다음, 시애틀 어린이들에게 어떤 회사인지 아느냐고 질문함으로써 아이들이 "스타벅스"라고 대답하도록 유도한다.

〈시애틀 과학기술 우주〉라는 제목이 달린 포스터도 인상 깊었다. 시애틀이 배출한 수많은 회사의 '족보'를 우주 지도로 표현했는데, 그 우주에는 6개의 항성이 자리 잡고 있다. 6개 항성은 마이크로소프트, 워

산업역사박물관의 〈시애틀 과학기술 우주〉 포스터

싱턴 대학, 항공기 제조업체 보잉, 그래픽 전문 소프트웨어 회사 앨더스, 무선 통신 분야의 선두주자 맥카우커뮤니케이션, 인터넷 서점 아마존이다. 알다시피 이 항성들은 많은 시애틀 벤처 기업의 모태가 된 기업 또는 기관이다. 항성을 맴도는 행성은 항성 기업에서 파생된 기업이다. 지도를 보니, 중앙에 있는 제일 큰 마이크로소프트 항성이 시애틀 첨단기술 산업의 위상을 드러내고 있었다.

베조스혁신센터의 한 전시관은 비디오 녹화 영상을 틀어준다. 이 영상은 시애틀 혁신을 주도한 기업가와 전문가가 등장해 '왜 시애틀이 혁신적인 도시가 될 수 있었는가'를 설명한다. 시애틀과 같은 창조 도시를 만들기 위해 노력하는 다른 도시의 지도자에게 도움이 될 것이다.

비디오 인터뷰에 참여한 인물 중 제프 베조스의 의견이 인상적이었다. 베조스는 많은 벤처 회사를 배출하는 데 기여한 마이크로소프트의 역할을 강조하면서, 마이크로소프트에 이끌려 시애틀에 이주한 많은 인재가 시애틀 혁신 시스템의 중요한 자산이라고 말했다.

다른 의견도 있었다. 제프리 브로트먼은 1970년대 보잉의 불황이 시애틀 혁신 문화의 발전에 중요한 역할을 했다고 주장했다. 보잉에서 해고된 수많은 인재는 새로 창업하거나 시애틀을 떠나야 할 상황을 맞았는데, 이는 오히려 시애틀의 혁신 문화가 자리 잡는 데 기여했다고 한다.

어떤 사람은 농담 반, 진담 반으로 비의 역할이 중요했다고 주장한다. 비가 많이 오는 시애틀에 사는 사람은 집 안에 머무르는 시간이 길 수밖에 없다. 그러니 자연히 생각하는 시간이 많아지고, 그 덕분에 혁신적인 아이디어도 많이 창조할 수 있었다. 결국 날씨에서 비롯된 반강제적인 여유로움이 시애틀 혁신의 원동력이 됐다는, 재미있고 의미 있는 주장이다. 평소 혁신에 필요한 시간을 내기 어려울 정도로 숨 가쁘게 돌아가는 우리나라, 특히 서울의 라이프스타일을 안타깝게 생각한 나 역시도 이와 비슷한 생각을 했다.

나는 시애틀의 개방성도 혁신 문화에 크게 기여했다고 생각한다. 시애틀은 다양한 배경을 가진 사람이 자연스럽게 어울리는 곳이다. 소프트웨어 엔지니어, 음악가, 이민자 등이 카페, 산책로, 야시장에서 어울리면서 친구가 된다. 서로 다른 일을 하고, 다른 사고방식을 가진 사람들이 함께 만드는 시너지가 시애틀이 가진 또 하나의 혁신 자산이다.

산업역사박물관에서 시애틀 혁신 문화의 모든 비밀을 찾은 것 같지는 않다. 오히려 혁신 과정에 대해 궁금한 것이 더 많아졌다. 그러나 확실하게 알게 된 한 가지 진실이 있다. 혁신에 대해 우리가 질문해야 할 것이 무엇인가이다. 베조스혁신센터 입구에는 질문 하나가 걸려 있다. 'What's Next', 즉 다음 혁신 산업은 무엇인가?

문화적 독립 정신이 녹아 있는 대중음악

라이프스타일과 혁신 문화는 시애틀 문화의 표면일지도 모른다. 시애틀의 라이프스타일을 만드는 기본 가치와 정신은, 어쩌면 시애틀 문화의 더 깊숙한 곳에 숨어 있을 수도 있다. 시애틀뿐만 아니라, 애초에 다른 도시와 차별화된 라이프스타일을 구축한 도시는 어떻게 만들어지는 것일까? 나는 문화적 독립 정신이 그 비밀이라고 생각한다. 시애틀의 문화적 독립 정신을 가장 잘 보여주는 분야는 바로 대중음악이다.

시애틀의 역사와 혁신을 간직한 산업역사박물관에는 시애틀 음악을 소개하는 코너가 유난히 많다. 시애틀 출신 음악가와 밴드를 혁신 사례이자 문화유산으로 자랑스럽게 소개한다. 시애틀 시가 시애틀센터Seattle Center에 새로 만든 음악체험박물관EMP: Experience Music Project도 음악을 비롯해 다양한 시애틀 대중문화를 활발하게 홍보한다.

시애틀이 사랑하고 자랑해 마지않는 음악가는 27세에 요절한 전설적인 기타리스트 지미 헨드릭스Jimi Hendrix와 너바나Nirvana다. 많은 음악평론가와 잡지는 지금도 헨드릭스를 역사상 최고 위대한 기타 연주자로 꼽는다. 헨드릭스는 1967년 영국에서 《아 유 익스피리언스트Are You Experienced》를 발표하면서 데뷔했다. 그 후 연이어 《애식스: 볼드 애즈 러브Axis: Bold as Love》와 《일렉트릭 레이디랜드Electric Ladyland》 등의 히트 앨범을 발표하면서 음악계 정상에 올랐다. 그러나 그가 활동한 기간은 4년에 불과했다. 1970년 9월, 헨드릭스는 갑작스럽게 사망했다.

사실 시애틀이 그토록 자랑하는 헨드릭스와 시애틀의 관계는 생각보다 깊지 않다. 헨드릭스가 시애틀에서 태어나 고등학교를 졸업할 때까지 자란 건 맞지만, 그 당시 시애틀 음악과 음악 시장은 그에게 영향을 미칠 만큼의 규모나 특색을 갖추지 못했다.

시애틀이 독립적인 음악 도시로 등장한 때는 1990년대다. 시애틀을 중심으로 활동한 인디밴드 너바나는 얼터너티브 록을 미국 전역에 대중화시켰으며, 1990년대 초에는 이미 세계적인 스타로 우뚝 섰다.

캐피탈힐의 지미 헨드릭스 동상

1991년 너바나의 두 번째 앨범 《네버마인드Nevermind》가 일주일에 40만 장 이상 팔리는 공전의 기록을 세우며 상업적 가치를 인정받기 시작했다. 너바나는 얼터너티브 록에서 파생된 음악 장르인 그런지Grunge 록 시대를 열며 대중음악의 중심부에 진출해 중요한 자리를 차지했다.

뉴욕의 주요 레코드 회사는 얼터너티브 록의 상업적 가능성을 보자 "민소매 셔츠, 헤진 청바지를 입고 이상한 포즈로 남이 듣지 않아도 상관없다는 듯이 시끄러운 곡을 연주하는" 대안 밴드를 발탁하기 시작했다. 그러나 모든 인디밴드가 뉴욕 레코드 회사의 초대에 응한 것은 아니다. 음악의 진정성과 저항적인 인디 정체성을 지키기 위해 거대 레코드 회사의 손을 뿌리친 인디밴드도 많았다.

너바나가 중요한 이유는 이 밴드가 시애틀 음악의 독립적 전통을 만들었기 때문이다. 사실 시애틀은 그전부터 독립 정신이 강한 도시였다. 지리상 고립된 탓에 이전부터 독립적인 경제를 구축하기 위해 항상 노력해 왔다. 어떻게 보면 시애틀에는 애초에 독립 정신이 존재하고 있었기 때문에 1990년대에 음악 중심지로 부상할 수 있었는지도 모른다.

시애틀 곳곳에는 시애틀의 음악을 기념하는 장소가 있다. 그중 여행자가 접근하기 쉬운 곳은 헨드릭스 동상이 서 있는 캐피탈힐Capitol Hill이다. 캐피탈힐은 1970년대 히피 사업가들이 커피 바, 와인 바, 식당, 부티크 상점을 열면서 발전한 지역이라서 보헤미안 분위기를 물씬 풍긴다. 현재는 젊은이들을 위한 오락 및 쇼핑의 중심지로 자리 잡았다. 이곳에서 시애틀의 강한 개성이 녹아 있는 인디 문화를 체험할 수 있다.

역사에 대한 존중이 도시의 정체성을 지킨다

시애틀은 분명 독특한 문화를 가진 '다른' 도시다. 우리는 인디음악에서 시애틀의 문화적 독립 정신을 경험했다. 그렇다면 그 독립 정신은 어떻게 만들어진 것일까? 역사를 보존하고 이해하려는 시애틀의 노력에서 그 답을 찾을 수 있다.

시애틀은 미국에서 역사를 잘 보존한 도시로 손꼽힌다. 역사 보존에 대한 시애틀의 의지를 체험하기 제일 좋은 곳은 파이오니어 광장Pioneer Square이다. 시애틀은 19세기 파이오니어 광장에서 시작되었다. 19세기 후반에 무역, 목재, 알래스카 금 채굴 등으로 시애틀은 경제 발전의 호황을 누린다. 당시 서부에는 보기 어려웠던 마천루가 파이오니어 광장에 들어설 정도였다. 광장의 랜드마크인 파이오니어 빌딩Pioneer Building은 1889년에 일어난 큰 화재 직후 잿더미 위에 지어진 건물이다. 시애틀 시 정부가 파이오니어 광장에서 역사 자원으로 지정한 건물과 공간은 무려 60개다. 광장 전체가 역사 보존 지역으로 지정된 거나 다름없으며, 단일 역사 보존 지역으로는 미국에서 제일 크다.

시애틀의 근대 역사가 그대로 보존된 파이오니어 광장은 시애틀이 자랑하는 관광 자원이다. 시 정부는 이 거대한 도보 관광 코스를 3가지로 나누어 운영한다. 또한 관광 상품을 개발해 많은 관광객에게 광장과 시애틀의 역사를 소개한다. 파이오니어 광장에서 도보 관광이 시작되는 장소는 옥시덴탈 공원이다.

파이오니어 광장 보존 운동은 1960년대에 시작되었다. 시 정부가 도

파이오니어 빌딩

시 재개발을 위해 광장에 새로운 도로와 주차장을 건설할 계획을 발표하자, 이를 저지하기 위한 시민운동이 일어났다. 시민운동의 노력으로 1970년 파이오니어 광장 전 지역이 역사 보존 지역으로 지정받았다. 현재 볼 수 있는 광장의 고풍스러운 건물들은 대부분 1970년 이후 보수 작업을 거쳐 지금의 모습을 갖추었다.

시애틀이 역사를 관광 자원으로만 사용하지 않는다는 점도 흥미롭다. 1970년대 시애틀의 부흥은 파이오니어 광장에서 시작했다. 파이오니어 광장의 역사적 빌딩이 보수 작업으로 새롭게 변신하자, 고급 식당과 상점이 들어섰다. 광장에 처음부터 많은 가게가 몰린 것은 아니다. 1969년 피츠버그 식당이 파이오니어 빌딩에서 개점한 이후부터 문화 변신이 시작되었다. 한 식당이나 가게가 지역 전체를 바꾸는 사례는 우리나라에서도 흔히 볼 수 있다. 조용한 주택지였던 삼청동을 서울을 대표하는 문화 중심지로 바꾼 것은 15년 전 삼청동에 처음 개점한 '더 레스토랑'이다.

지금도 파이오니어 광장은 중요한 비즈니스 중심지다. 광장 주변을 걷다 보면 많은 첨단기술 기업의 본사를 발견한다. 시애틀에서 새로운 산업으로 주목받는 컴퓨터 게임 산업의 중심지도 파이오니어 광장이다.

시애틀은 도시의 라이프스타일이 역사에 대한 존중에서부터 시작됨을 보여준다. 새로운 문화를 개척한 스타벅스도 예외가 아니다. 스타벅스는 1호점을 시애틀의 역사적 랜드마크인 파이크플레이스마켓(Pike Place Market, 1907년에 문을 열어 매우 오랜 전통을 자랑하는 재래시장)에 열었다. 역사적인 지역에 개점한 스타벅스 1호점은 40년이 지난 현재에도 수

많은 사람이 찾아가는 새로운 역사 자원이 되었다.

역사를 중시하고 보존하기 위해 노력하는 시애틀의 태도는 어떻게 보면 너무나 당연하다. 새로움에 대한 열정과 갈망은 자신이 남들과 달라야 한다는 인식에서 시작한다. 그런데 오랜 시간 차곡차곡 쌓아온 역사만큼 우리의 독특함을 보여주는 증거는 없다. 역사는 우리에게 '다름의 정체성'을 제공한다.

스타벅스의 미래, 오만한 제국

세상에 영원한 것은 없다고 한다. 스타벅스도, 시애틀도 어쩌면 지금이 전성기일지도 모른다. 시애틀을 방문하는 동안 스타벅스의 미래를 장담할 수 없다는 생각이 들었다. 시애틀에서 만난 스타벅스는 내가 생각했던 따뜻한 기업이 아니었다. 스타벅스는 골목 곳곳에 들어서 있다. 시애틀 어디에서든 고개를 돌려 살피면 최소 2개 이상의 매장이 시야에 들어온다. 그러고 보니 언제부터인가 우리 주변에서도 스타벅스는 아주 흔해졌다. 스타벅스가 보유한 매장은 62개국에 퍼져 있으며, 총 2만 1000여 개라고 한다. 일하는 종업원만 다 합쳐도 약 15만 명이라니, 정말 어마어마한 규모다.

스타벅스의 과잉은 스타벅스가 제국이 되어간다는 우려를 자아낸다. 영화 〈오스틴 파워Austin Powers〉가 선견지명을 발휘한 걸까? 이 영화에서 스타벅스는 세계 정복을 노리는 이블 박사가 자금을 투자하는 회

올리브 거리의 스타벅스 매장

사다. 영화에서 스타벅스 로고가 시애틀의 상징으로 자리 잡은 전망대
인 스페이스 니들Space Needle을 감싸는 장면은 스타벅스가 제국이 되었
음을 암시한다.

스타벅스는 이미 커피와 관련된 모든 것을 판매한다. 주스, 페이스트
리, 음악 시디, 신문 등 스타벅스가 판매하는 상품은 계속 늘어나는 중
이다. 커피에서 식품으로, 또 문화 사업으로 계속 영역을 확장한다.

시애틀의 도심, 올리브 거리Olive Way에 있는 스타벅스 매장에서 나는
간접적으로 스타벅스의 미래를 경험했다. 그곳 스타벅스는 와인과 음식
을 포함한 새로운 메뉴인 '스타벅스 이브닝Starbucks Evenings'을 판매한다.
이제 우리의 저녁까지 스타벅스가 책임지려고 한다.

나는 다소 흥분한 상태로 가게에 들어섰다. 새로운 것에 대한 기대,
스타벅스가 판매하는 와인과 음식에 대한 기대가 나를 사로잡았다. 스

타벅스는 저녁 식사가 가능한 카페답게 매장 중심부에 바 카운터를 만들었다. 나는 바 카운터 한구석에 자리를 잡고 사진기를 꺼내 메뉴판을 찍으려고 했다. 그 순간 커피를 만들고 있던 매장 직원의 목소리가 들렸다. 직원은 가게에서 사진을 찍을 수 없다고 말했다. 스타벅스의 저녁 식사 문화가 신기했던 나는 솔직히 사진 촬영 금지에 크게 실망했다. 우리는 개방적이고 부드러운 라이프스타일을 가진 기업을 원한다. 정확히는 우리에게 라이프스타일을 강요하는 기업이 아닌, 우리가 자발적으로 라이프스타일을 따르게 하는 기업을 원한다.

올리브 거리 스타벅스 매장에서의 실망스러운 경험으로 스타벅스 제국에 대한 의심은 더욱 굳어졌다. 매장 촬영 금지라는 조치에서 제국의 폐쇄성과 오만한 일방성을 느꼈다. 아마도 나는 감성적으로 다가와 마음을 사로잡은 기업이, 그 감성을 지나치게 상업적으로 활용하지 않길 바랐나 보다.

보잉의 위기를 '창조적 파괴'로 극복하다

내가 이 책을 1970년에 썼다면 책 제목은 '시애틀과 보잉'이 되었을 것이다. 1970년대까지 시애틀 경제의 중심은 보잉이었다. 현재 시애틀과 스타벅스가 동의어라고 말할 수 있을 정도로 서로 분리할 수 없는 관계라면, 1970년대에는 시애틀과 보잉이 그랬다.

1960년대 보잉은 인구가 35만 명에 불과한 시애틀에서 10만 명 이

보잉의 초기 본사 건물

상을 고용했다. 대부분의 시애틀 지역민이 보잉에서 일하거나 보잉과 관련된 일을 했다고 해도 과언이 아니다. 그러나 1970년대에 큰 불황을 맞은 보잉은 시애틀 직원의 3분의 2를 감원했다. 보잉에서 감원된 사람들은 다행히 다른 도시로 가지 않고 시애틀에 남아 새로운 일을 시작했다. 시애틀은 도시를 사랑하는 주민의 노력으로 '보잉 위기'를 극복할 수 있었다.

많은 전문가가 보잉의 위기가 지금의 시애틀을 만들었다고 분석한다. 보잉이 남긴 공백을 문화 산업과 첨단산업으로 성공적으로 채웠기 때문이다. 역설적이게도 보잉의 위기가 없었다면 시애틀이 지금과 같은 라이프스타일의 도시로 발전하지 못했을 수도 있다.

보잉은 여전히 시애틀에 많은 사업장을 유지하고 있지만 본사는 더이상 시애틀에 없다. 지난 2001년, 시애틀에서 보낸 85년이라는 세월을

뒤로하고 시카고로 본사를 이전했다. 자신이 자라고 자신을 키운 고향인 시애틀을 떠난 것이다. 자본주의 경제는 이처럼 냉혹한 것일까? 그러나 이런 냉혹함이 있어 지금의 시애틀이 존재하는 것인지도 모른다. 시애틀은 미국 경제학자 슘페터가 말한 '창조적 파괴Creative Destruction'가 성공한 사례다.

과거가 반복된다면 스타벅스도 언젠가는 시애틀을 떠날 것이다. 그리고 시애틀은 새로운 기업을 만들 것이다. 이 도시는 커피와 여가 문화, 혁신 생태계, 개방성, 인디음악, 역사 정체성으로 다른 도시에서 경험할 수 없는 차별화된 라이프스타일을 만들었다. 나는 시애틀이 앞으로도 계속 매력적인 라이프스타일을 유지한다면 보잉 위기 때와 같이 스타벅스 후의 경제도 새로운 산업으로 극복하리라고 믿는다.

도시에 사는 우리는 한 기업이, 한 산업이 영원하지 않다는 사실을 인정해야 한다. 그래야만 다음 기업, 다음 산업을 준비할 수 있기 때문이다. 우리가 해야 할 질문은 결국 다음 산업이 무엇인가이다. 시애틀을 떠나며 베조스혁신센터의 질문을 다시 한번 떠올렸다. 다음의 혁신 산업은 무엇인가?

Seattle & Starbucks

● 스타벅스의 지역 기반 경영

지역 브랜드와 기업 브랜드 접목

시애틀의 카페 문화를 파는 스타벅스 시애틀은 미국에서 카페인을 가장 많이 소비하는 도시로 시애틀 커피 문화는 미국 커피 문화의 중심지답게 다양하고 풍부하다. 스타벅스는 시애틀의 커피 문화를 자사 브랜드에 접목했다. 우리는 스타벅스가 제공하는 커피와 문화를 통해 시애틀의 문화를 체험한다.

파이크플레이스마켓에 개점한 스타벅스 1호점 1907년에 문을 연 파이크플레이스마켓은 100여 년이 넘는 오랜 전통을 자랑하는 재래시장이며 시애틀의 역사적 랜드마크다. 스타벅스는 이 역사적인 지역에 1호점을 열었다. 40여 년이 흐른 현재, 스타벅스 1호점은 파이크플레이스마켓과 함께 새로운 역사를 쌓아가고 있다.

지역 시장에서 절대적인 우위 확보

충성적인 소비자 클러스터 확보 시애틀은 인구 10만 명당 23개의 스타벅스 매장을 보유하여 미국에서 인구당 가장 많은 스타벅스 매장을 가진 도시다. 스타벅스는 충성적인 소비자 계층을 지속적으로 확보하기 위해 인구 밀집도가 높은 시애틀에서도 계속 매장을 늘릴 계획이다.

지역 시장을 신상품 시험대로 활용 신상품을 제일 먼저 출시하는 시장이 본사가 위치한 시애틀이다. 2012년 캐피탈힐 지역의 올리브 거리에 저녁 식사와 와인을 판매하는 새로운 매장을 개장했다. 그전에도 스타벅스는 시애틀 커피 문화의 중심지인 캐피탈힐에서 새로운 상품과 매장 디자인을 수차례 실험했다.

지역 기업 인수로 지역 산업과 생산 문화에 기여

스타벅스는 2003년 시애틀스베스트커피 체인을 인수했다. 당시 시애틀스베스트커피는 시애틀에서 총 22개의 매장을 운영한 작지 않은 중견 기업이었다. 2012년에도 지역 라이벌인 툴리스커피의 인수를 시도했다. 지역 기업의 인수를 통해 스타벅스는 지역 시장 지배력을 공고히 하고 브랜드의 다양화를 추구한다.

● **시애틀의 도시 문화 정책**

역사 보존으로 도시 정체성 확립

파이오니어 광장은 미국에서 가장 큰 역사 보존 지역이다. 이는 시 정부의 재개발 계획을 거부한 시애틀 시민의 노력으로 이루어진 성과다. 19세기에 '알래스카의 길목'으로 불렸던 시애틀은 오래전부터 새로운 사람들이 많이 모여들었던 도시이다. 시애틀은 역사 보존을 통해 이 같은 이미지, 즉 개척자 정신과 개방적인 문화 가치를 부각한다.

지역 경제와 경쟁력을 지탱하는 생산 문화 장려

산업역사박물관 산업역사박물관은 19세기 초 작은 도시였던 시애틀이 오늘날의 창조 도시로 성장하기까지, 역사 속에 등장하는 시애틀 기업들의 발전사를 한눈에 보여준다. 또한 지역 경제를 책임지는 기업들의 혁신 문화를 교육하고 홍보한다. 이를 통해 새로운 기업을 지원하는 시애틀의 문화를 엿볼 수 있다.

음악체험박물관 시애틀의 문화적 독립 정신을 가장 잘 보여주는 분야는 대중음악이다. 음악체험박물관은 시애틀의 강한 개성이 드러나는 대중음악을 적극 지원하고 홍보한다.

창조적 파괴 원리에 순응하는 지역 산업 문화

시애틀 경제의 중추였던 보잉은 1970년대에 시애틀 직원의 3분의 2를 감원해야 할 만큼 큰 불황을 맞았다. 그러나 시애틀은 새로운 문화 산업과 첨단산업으로 보잉의 공백을 메꾸었다. 스타벅스 또한 영원하지 않을 것이다. 하지만 시애틀의 라이프스타일은 분명 또다시 다음의 혁신 산업을 만들어낼 것이다.

포틀랜드와 나이키

★★★

건강하고 활동적인
도시 문화 속에서 탄생한 나이키

운동화로 시작한 나이키

경쟁이 치열하기로 유명한 스포츠용품 시장에서 부동의 1위를 지키는
기업이 있다. 미국 포틀랜드에 본부를 둔 나이키다. 세계 160여 개국에
상품을 수출하는 나이키는 세계 최대 스포츠용품 시장으로서 미국에
서 50퍼센트 이상의 점유율을 차지한다.[3]

스타벅스와 마찬가지로 나이키도 라이프스타일을 판다. 나이키 덕
분에 스포츠는 우리의 일상이 되었다. 나이키는 우리에게 생각만 하지
말고 즉시 행동할 것을 권유한다("Just do it!"). 건강, 레크리에이션, 활동
적인 삶, 단련된 몸 등이 우리가 나이키 상품을 소비함으로써 추구하는

라이프스타일이다.

나이키의 브랜드 파워와 사회적 영향력은 대단하다. '에어 조던 시리즈'가 출시될 때면 나이키 매장은 경비가 삼엄해진다. 신상품을 훔치려는 강도를 막고, 신제품을 사기 위해 서로 몸싸움을 벌이는 소비자들의 폭행 사건을 방지하기 위해서다.

나이키 운동화는 초·중등학교 남학생의 패션과 유행을 주도하기도 한다. 그 또래의 청소년들은 자신을 과시하고 증명하기 위해 나이키 운동화를 찾는다. 신상품이 출시되는 날이면 나이키 매장 앞은 수많은 학생들로 문전성시를 이룬다. 심지어 신제품을 사려고 결석하는 학생이 늘자, 일부 학교는 회사에 신제품을 주말에만 판매하라고 요구했다. 학생들은 최고의 스타가 신는 나이키 제품을 소유함으로써 자신도 그들과 같아진다고 믿는 듯하다.

나이키의 역사는 1962년 포틀랜드에서 시작됐다. 오리건 대학의 육상부 코치 빌 보워먼Bill Bowerman은 선수의 기록 향상을 위해 새로운 육상 신발을 개발했다. 그러나 그가 만난 신발 제조업체의 반응은 미지근했다. 그는 당시 일본 오니츠카타이거의 러닝화를 수입해 판매하던 필립 나이트Philip Knight에게 동업을 제안했고, 둘은 1964년 나이키의 전신인 블루리본스포츠Blue Ribbon Sports를 설립했다. 사업 초기에는 일본 신발을 수입해 판매했으나, 1972년에는 지금의 나이키를 탄생시켰다.

나이키는 초창기부터 유명 선수 마케팅으로 유명했다. 조깅 붐이 일었던 1970년대의 유명 육상 선수는 모두 나이키 운동화를 신었다. 이후에도 1980년대의 마이클 조던, 1990년대의 타이거 우즈, 2000년대의

나이키 본사

샤라포바 등 각 분야의 최고 선수를 광고 모델로 내세워 새로운 운동화를 개발하고 스포츠용품 시장을 개척했다. 나이키는 최고의 스포츠 스타를 등에 업고 최고의 브랜드라는 이미지를 탄탄히 구축해 나갔다.

1990년 나이키는 포틀랜드 도심에서 16킬로미터 떨어진 비버턴 Beaverton에 새로운 본사를 짓고 이사했다. 마이크로소프트, 구글 등과 같이 도심 외곽의 넓은 장소를 선택한 것이다. 본사 단지는 호수, 건물, 정원, 운동 시설이 조화를 이루고, 운동화로 시작한 회사답게 조깅 트랙으로 둘러싸여 있다.

나이키 본사를 방문하는 일은 조금 까다롭다. 공식적으로 외부인에게 공개하지 않으며, 방문객을 위한 투어 프로그램도 운영하지 않는다. 그러나 입구에서 엄격하게 출입을 통제하는 것은 아니다. 외부인도 자동차를 타고 본사 곳곳을 둘러볼 수 있다. 나이키가 건설한 본사 일대의 조깅 트랙은 지역 주민에게 일부 공개된다고 한다. 본사 내부에 들어가면 나이키 설립자 등 기업 역사를 소개하는 전시관은 물론 타이거 우즈, 마이클 조던 등 나이키를 대표하는 스타 기념관을 관람할 수 있다. 직원 상점과 카페테리아에서 회사 문화를 직접 체험할 수도 있다.

본사에서 이루어지는 기본적인 업무는 마케팅이다. 회사 전체 비즈니스에서 보자면, 본사는 두뇌에 해당한다. 마케팅, 기술개발R&D, 재무 등 핵심 부가가치 활동을 수행한다. 제품 생산은 세계 곳곳의 하청 업체가 담당한다. 나이키는 우리나라와 한때 인연이 깊었다. 1980년대에는 한국 협력 업체들이 나이키 운동화 대부분을 생산했다. 그러다 우리나라 임금 수준이 높아져서 협력 업체들은 인도네시아, 베트남 등으로 공장을 이전했다.

자유롭게 날아오르는 조던처럼, 신지 않은 듯한 자유로운 신발처럼

굳이 본사를 방문하지 않아도 포틀랜드에서 나이키 문화를 체험할 수 있는 곳이 있다. 바로 나이키가 플래그십 스토어(Flagship Store, 성공한 브랜드를 중심으로 브랜드의 성격과 이미지를 극대화해 보여주는 매장)로 운영하는 나이키타운 매장이다. 나이키는 일반적으로 백화점 등 유통 시장을 통해 운동화를 판매하지만, 주요 도시에선 상품을 전시한 나이키타운을 열어 판매와 마케팅의 중심지로 활용한다. 포틀랜드를 찾은 관광객에게 나이키타운은 곧 나이키의 박물관이다.

포틀랜드의 나이키타운

포틀랜드의 나이키타운은 도시 중심지인 사우스웨스트 5번가에 있다. 나이키타운 입구에 들어서는 순간 이 매장의 규모, 디자인, 공간에 압도당한다. 상점 구석구석에는 코비 브라이언트, 르브론 제임스 등 나이키를 대표하는 스타 농구 선수들의 사진이 자리 잡고 있다.

누가 나이키 모델로 선정될까? 수많은 스타 농구 선수 중 극히 일부만이 나이키 모델이 된다. 내가 좋아하는 샌안토니오 스퍼스San Antonio Spurs의 팀 덩컨Tim Duncan은 선택되지 못했다. 덩컨은 기본기와 몸싸움에 충실한 스타일로, 우리 시대 최고 농구 선수 중 한 명이다. 그는 매우 훌륭하고 존경받는 선수임은 틀림없지만, 나이키 모델이 되기에는 2퍼센트 부족하다. 왜 그럴까? 그는 지극히 성실하고 조용하며 평범한 일상을 보내는 사람으로 유명하다. 안타깝게도 소비자가 좋아하는 스타는 '성실맨'이 아니다. 나이키는 소비자를 매료시킬 화려한 매력을 가진 선수를 원한다.

나이키가 꼽은 스타 선수도 영원히 나이키와 함께하진 않는다. 현재 나이키타운을 장식한 선수는 모두 현역 선수다. 1980~1990년대를 풍미했던 매직 존슨도, 래리 버드도 보이지 않는다. 나이키타운에 영원한 것이 있다면 딱 하나, 천장에 매달려 있는 에어 조던 운동화 조각품이다. 마이클 조던만이 나이키타운에서 찾을 수 있는 유일한 과거 스타다.

마이클 조던은 대학 시절부터 이미 스타였다. 그는 대학 1학년이었던 1982년에 전미 대학농구대회 결승전에 출전해, 소속팀인 노스캐롤라이나 대학의 우승을 이끌었다. 별명은 '점프맨'이다. 단순히 높이 뛴다는 이유로만 붙은 별명이 아니다. 그는 너무 쉽게, 그리고 우아하게 하늘을 날았다.

마이클 조던의 1984년 NBA 데뷔에 맞춰 개발한 에어 조던 농구화로 나이키는 오늘날의 위상을 구축했다. 처음 에어 조던 농구화 제작을 망설이던 회사를 설득한 사람은 조던의 에이전트인 데이비드 포크David Falk였다. 그는 나이키 대표인 필 나이트에게 조던이 가진 상징성을 강조하고 새로운 마케팅 방법을 제시했다. 필 나이트는 그에게 설득당했고 나이키의 수석 디자이너 피터 무어Peter Moore는 '에어 조던 1'을 만들었다. 처음에 나이키와 5년에 250만 달러로 계약을 맺은 조던은 1987년엔 7년 연장 계약과 함께 컬레당 인세를 받는 나이키의 동업자가 되었다.

지금도 매년 출시되는 에어 조던 농구화에는 점프맨 로고가 장식되어 있다. 조던이 덩크슛을 하기 위해 공을 들고 하늘에 오른 모습을 담은 로고다. 하늘 속 조던의 모습은 아주 자유로워 보인다.

자유, 그렇다. 자유는 새로움과 함께 나이키를 상징하는 가치다. 나이키 운동화를 신고 나가는 자체가 우리에겐 자유다. 일상으로부터의 자유, 자연을 향한 자유, 혼자만의 자유. 나이키는 끊임없는 자유를 상징하며 우리 곁에 익숙하게 자리 잡았다.

2005년 나이키는 '나이키 프리Nike Free'라는 새로운 조깅화 라인을 출시했다. 많은 육상 선수가 맨발로 훈련한다는 사실에 착안해 만든 상품이다. 신발을 신지 않은 듯한 자유로운 신발, 그것이 나이키 프리가 추구하는 가치다. 소비자도 나이키 프리를 통해 한 걸음 더 나아간 새로움과 자유를 직접 경험할 수 있다.

포틀랜드의 건강하고 책임 있는 삶을 반영한 나이키

풍요롭고 아름다운 자연환경, 활기찬 아웃도어 활동은 포틀랜드 라이프스타일의 키워드다. '미국에서 가장 푸른 도시'라는 타이틀에 걸맞게 도시 전체에 산책로와 조깅 코스가 잘 꾸며져 있다. 포틀랜드의 도보 지수Walk Score는 70점대에 육박해 미국에서 걷기 좋은 도시 중 하나로 꼽힌다. 물론 자전거를 즐기기에도 최적의 도시로 알려졌다.[4]

포틀랜드는 나이키가 강조하는 '스포츠는 곧 일상'이라는 라이프스타일을 실천하는 도시다. 따라서 나이키 창업자 보워먼과 나이트의 고향이기도 한 포틀랜드는 나이키 기업 문화와 전통을 꽃피우기에 아주 적합한 곳이다.

포틀랜드 라이프스타일은 한마디로 '건강하고 책임 있는 삶'으로 요약된다. 책임 있는 삶은 육체적으로나 정신적으로 건강한 사람들의 라이프스타일이다. 이상적인 포틀랜드 사람은 정기적으로 운동하고, 건강에 좋은 음식을 적당히 섭취한다.

포틀랜드 사람들은 사회의 건강도 중요하게 생각한다. 그들은 사회적 책임을 진지하게 받아들인다. 포틀랜드의 라이프스타일을 즐기는 데 없어서는 안 될 자연을 보호하는 일에도 철저하다. 재활용 비율이 63퍼센트가 넘는 오리건은 미국에서 재활용을 제일 많이 하는 주다. 포틀랜드 사람은 자연을 즐기고 자연을 소중히 여기는 동시에 인권 등 기타 사회문제에도 적극 참여한다.

포틀랜드 사람들의 진보성에 부응하여 나이키도 환경, 인권, 자선사업 등 지속 가능한 경영을 위해 많은 노력을 기울인다. 트레이시 카바쇼의 저서 《열정으로 시작해 꿈이 된 기업 나이키 이야기》에는 나이키 CEO인 마크 파커Mark Parker의 포부가 소개되어 있다. 마크 파커는 나이키가 기업의 사회적 책임을 이행하기 위해, 친환경 성장을 추구하는 세계적 흐름의 선두에 서서 성공적인 행보를 이어나가겠다고 밝혔다. 나이키의 대표적인 사회 공헌 활동이 '컨시더드 디자인Considered Design'이다. 컨시더드 디자인이란 재활용할 수 있는 친환경 소재의 비중을 높이고 불필요한 원료 및 유기화합물 등을 감소하거나 제거하는 공법이다. 마크 파커는 나이키의 스포츠용품뿐만 아니라 시설 관리, 개보수, 건축 설계에도 컨시더드 디자인을 적용하여 지속 가능성 원칙을 살린 성장과 혁신을 이어나갈 계획이라고 했다.[5]

나이키 본사 일대의 조깅 트랙과 조깅하는 사람을 형상화한 동상

스마트 성장, 포틀랜드의 경쟁력

포틀랜드의 책임 있는 삶의 철학은 도시계획에서도 그대로 드러난다. 포틀랜드는 환경과 삶의 질을 보호하는 성장, 즉 '스마트 성장Smart Growth'을 추진하는 대표적인 도시다. 시 지도자들은 성장을 위한 맹목적인 개발을 거부한다.

구체적인 스마트 성장 전략으로 밀집지역Compact Neighborhoods 건설, 대중교통망 구축, 보행자와 자전거에 편리한 도시 디자인을 들 수 있다. 밀집지역 전략이란 상업과 주거 건물의 밀도를 높여 도심 중심으로 도보, 자전거, 대중교통을 이용할 수 있는 도시를 만드는 것이다.

지속 가능한 성장을 위해 가장 중요한 일은 에너지 소비를 줄이는 것이다. 보행과 자전거는 대표적인 저에너지 교통수단이다. 스마트 성장을 채택한 도시는 보행자의 편의를 위해 주요 도로에 자전거 전용 도로를 추가하고, 자전거 도로 네트워크와 자전거 주차장을 새롭게 건설해야 한다. 미국 전체로 놓고 봤을 때 자전거 통근율은 평균 1퍼센트도 안 된다. 하지만 포틀랜드는 미국의 대표적인 자전거 통근 도시로, 자전거로 출퇴근하는 인구가 7퍼센트에 이른다. 시 정부는 2030년까지 이 비율을 30퍼센트까지 끌어올릴 계획이다. 포틀랜드에는 자전거 교통량이 많은 거리에 커피 바, 자전거 수리점, 식당, 호텔 등 자전거 통근자를 위한 상업시설이 들어서기 시작했다. 미국에서 처음으로 '자전거 개발', 즉 자전거를 위한 부동산 개발 사업이 시작된 것이다.

운송 분야에서 에너지 소비를 획기적으로 줄이기 위해서는 아무래

포틀랜드 도심의 전차역

도 대중교통 이용이 최선이다. 미국은 자동차 국가다. 뉴욕 맨해튼을 제외한 모든 도시에서 대중교통은 자동차를 보완하는 교통수단에 불과하다. 그러나 포틀랜드는 다른 도시와 달리 고집스럽게 대중교통에 투자하는 도시로 유명하다. 경전철, 전차 등을 도입하는 등 오래전부터 대중교통 중심의 시스템을 구축했다.

보행자 및 자전거 길과 대중교통이 발달한 포틀랜드는 미국이 아닌 유럽의 도시처럼 느껴진다. 상권이 밀집한 도심에서는 거의 모든 지역을 걸어서 다닐 수 있다. 대중교통은 도심과 멀리 떨어진 주거지를 연결한다. 거리가 상당히 떨어진 교외에 사는 시민은 전차를 타고 도심으로 통근한다. 시 정부는 대중교통 이용을 장려하기 위해 버스와 전차에 자전거 운송대를 부착했고, 최근까지 도심 전차를 무료로 운영했다.

스마트 성장은 단기적으로는 지역의 성장과 발달을 억제하는 것처럼 보여도, 장기적으로는 든든한 지원군 역할을 한다. 1970년부터 일찍이 시작한 스마트 성장 전략 덕택에 포틀랜드는 미국 사람이 살고 싶어 하는 도시 중 하나로 꼽힌다. 스마트 성장, 그리고 스마트 성장이 보장하는 건강한 삶이 현재 이 도시 경쟁력의 원동력이다.

● 캘리포니아와 구별된 독창적인 문화, 와인

포틀랜드의 콤플렉스는 캘리포니아다. 많은 사람이 포틀랜드를 '제2의 샌프란시스코'라고 부른다. 포틀랜드의 도시 문화가 독창적이지 않으며, 샌프란시스코 문화의 아류라는 의미이다. 포틀랜드를 처음 방문하는 사람은 문화적으로나 외적으로나 캘리포니아, 특히 샌프란시스코와 비슷하다고 생각한다.

물론 포틀랜드와 샌프란시스코에는 공통점이 많다. 포틀랜드가 샌프란시스코의 영향을 받지 않았다면 오히려 그게 더 이상한 일이다. 지리적으로 이웃해 있을 뿐만 아니라, 캘리포니아에 살던 많은 사람이 도시화를 피해 오리건으로 이주했기 때문이다.

두 도시 모두 유명한 와인 생산지다. 샌프란시스코에 나파밸리가 있다면, 포틀랜드에는 윌래밋밸리Willamette Valley가 있다. 포틀랜드에서 30분 거리에 있는 윌래밋밸리는 일조량은 적은 편이지만, 높지 않은 기온이 오히려 포도가 서서히 숙성하며 충분히 익을 수 있는 환경을 제공한다. 그래서 세계적으로 경쟁력 있는 와이너리(포도주 양조장)가 밀집해 있다. 도멘 서린Domaine Serene 등 한국에서 인기가 많은 와인도 이곳에서 생산된다.

월래밋밸리에서 처음으로 와인을 생산한 회사는 아이리빈야드Eyrie Vineyards이다. 1965년 데이비드 레트David Lett는 가족의 반대를 무릅쓰고 월래밋에 차가운 기후에 적합한 포도 품종과 피노 누아르(Pinot Noir, 최고급 적포도주를 만드는 포도 품종)를 심었다. 와인 생산을 시작한 10년 후인 1975년에 생산된 아이리빈야드의 사우스 블록 피노 누아르South Block Pinot Noir는 1979년 프랑스의 골트미요와인올림피아드Gault-Millau French Wine Olympiad에서 좋은 평가를 받았다. 이듬해 독일 본에서 다시 열린 경합에서 2위에 오르며 월래밋밸리 와인은 세계적인 명성을 얻기 시작했다.

포틀랜드의 일 문화도 캘리포니아와 비슷하다. 캘리포니아 비즈니스 지역의 분위기가 물씬 느껴지는 펄디스트릭트Pearl District는 포틀랜드 시가 1980년대에 공장 지역을 상업 지역으로 재개발한 곳이다. 부티크 상점, 고급 식당과 와인 바, 브루어리 레스토랑Brewery Restaurant, 갤러리가 즐비해 있으며, 샌프란시스코의 중심 지역을 연상하게 한다. 펄디스트릭트는 디자이너, 컨설턴트, 마케팅 전문가 등 포틀랜드의 창조 계층이 일하는 곳이다. 그래서 이 지역에는 일과 가족, 일과 레저의 균형을 시도하는 기업이 많다. 노스파크쿼터에 위치한 한 컨설팅 회사의 일 문화 철학이 대표적인 사례다. 이 회사는 건물에 '일과 놀이Working Playing'라는 사인을 걸었다. 즐기며 일하고, 일하면서 즐기자는 철학이다.

포틀랜드에서 유학한 내 제자는 생활 속의 여유를 즐기는 것이 포틀랜드 사람의 특징이라고 말한다. 미국 동부 변호사는 로펌에서 일을 많이 하는 것을 자랑으로 여기지만, 포틀랜드 변호사는 회사가 일을 많이 시키면 일과 삶의 균형을 찾아 이직한다고 한다.

펄디스트릭트와 연결된 노스웨스트Northwest는 포틀랜드의 대표적인 주거지역이다. 고급 주택이 모여 있고, 곳곳에서 분위기 좋은 식당과 가게를 찾을 수 있다. 노스웨스트는 포틀랜드 시내를 한눈에 내려다볼 수 있는 아름다운 전망으로 유명한 웨스트힐스West Hills와 연결되어 있다. 웨스트힐스는 전통적으로 포틀랜드 부자가 큰 저택을 짓고 사는 곳이다. 장미 정원과 산림박물관으로 유명한 워싱턴 공원도 산자락에 자리 잡고 있다. 노스웨스트와 웨스트힐스는 전원생활과 현대의 도시 문화를 동시에 경험할 수 있는 주거지다.

같은 서부 도시로서 포틀랜드는 먼저 개발된 캘리포니아의 문화에

윌래밋밸리 던디힐스에 위치한 도멘드루앵

많은 영향을 받았으며 두 도시는 문화를 공유한다. 그러나 포틀랜드는 캘리포니아와 궁극적으로 다른 문화를 만들었다. 대표적인 예가 와인이다. 까베르네 쇼비뇽Cabernet Savignon 품종이 나파밸리 와인을 대표한다면, 피노 누아르가 윌래밋밸리 와인의 대표 품종이다. 북미 지역의 대표적인 피노 누아르 생산지는 나파밸리가 아니고 윌래밋밸리다. 오리건 피노 누아르는 세계적인 와인으로 인정받는다. 프랑스 부르고뉴의 대표적인 와인 제조업체인 드루앵 가Drouhin Family도 오리건 지역 와인의 우수성을 인정하여, 1988년 윌래밋밸리의 던디힐스Dundee Hills에 도멘드루앵 Domaine Drouhin을 열었다.

지역 문화 형성의 기반이 된 도시 양조장

포틀랜드는 대표적인 창조 도시답게 새로운 기업을 많이 만들고 트렌드를 주도한다. 최근 포틀랜드의 도시 문화를 새로이 바꾸는 트렌드는 도시 양조 산업이다. 포틀랜드에는 작은 규모로 와인, 맥주, 양주를 생산하고 판매하는 기업이 유난히 많다.

도시 와이너리는 새로운 개념의 와인 사업이다. 일반적으로 와이너리는 포도밭에서 포도를 직접 재배하여 수확한 포도로 와인을 만드는 곳이다. 사용하는 모든 포도를 직접 재배하진 않는다고 하더라도, 적어도 포도밭을 배경으로 와이너리를 만드는 것이 관행이다. 그러나 포틀랜드의 일부 와이너리는 이 같은 통념을 깨고 도심에 양조장을 만들어 운영한다.

포틀랜드에서 도시 양조 산업의 중심지로 떠오른 지역은 남동부의 이스트번사이드스트리트East Burnside Street이다. 나는 이스트번사이드스트리트에서 가까운 곳에 있는 포틀랜드의 대표적인 도시 와이너리인 클레이피전Clay Pigeon을 찾았다. 와이너리 주변에는 과거에 공장이나 창고로 사용되었던 건물들이 많았다. 클레이피전 와이너리는 이런 건물의 하나를 반은 양조장으로, 반은 레스토랑으로 개조했다.

점심시간이 지난 이른 오후에 방문한 레스토랑은 한산했다. 한 테이블에 있던 손님도 내가 도착한 후 곧 떠났다. 혼자 남은 나에게 레스토랑 매니저는 와이너리에 관한 이야기를 해줬다. 2011년에 개업한 클레이피전 와이너리는 와인뿐만 아니라 치즈도 생산한다. 와이너리 주인은 부부인데, 남편이 와인을 만들고 부인이 치즈를 만든다. 와이너리는 1년에 750상자 정도의 소규모 물량만 생산한다. 2013년에 생산한 시라즈 와인은 이미 다 팔려, 현재 10병만 남았다고 했다. 그 얘기를 들었을 때, 시라즈 와인을 살 수밖에 없었다. 품질은 모르겠지만 희소성만은 확실하지 않은가?

클레이피전 와이너리의 건너편에도 베이스캠프브루어리Base Camp Brewery라는 도시 맥주 회사가 있다. '미국 마이크로 브루어리의 수도'라고 불리는 포틀랜드의 수많은 맥주 회사 중 하나다. 베이스캠프브루어리의 콘셉트는 이름에서 유추할 수 있듯 산악 장비와 등산이다. 맥주 캔 모양을 등산용 수통으로 만드는가 하면, 생맥주 탭(맥주 짜는 기계)을 퀵 드로(확보물과 로프를 신속하게 연결하는 등반 용구) 모양으로 만든다. 이곳의 맥주를 마시면 등산한 후 청정 계곡물을 시원하게 마시는 기분이 들어야 할 텐데, 아쉽게도 나는 여러 가지의 맥주 맛을 비교하다 정작 '산악 맥주'의 맛을 느끼지 못했다.

베이스캠프브루어리에서 멀지 않은 곳에 번사이드 양조장 지역이 있다. 독립적으로 위스키, 버본, 진 등의 양주를 만드는 양조장이 모여 있는 곳이다. 내가 방문한 곳은 이스트사이드디스틸링Eastside Distilling이다. 양주를 만든다고 하면 아주 큰 규모의 양조장을 상상할 것이다. 그러나 이곳 양조장은 모두 소규모이다. 양조장에 들어가면 그곳에서 생산된 양주를 시음할 수 있는 시음장이 있고, 그 뒤가 바로 양조 공간이다. 도시 양조장은 여러 가지 양주를 만들긴 하지만 모두 소량씩 생산하기 때문에 큰 공간이 필요하지 않다. 미국 남부에 산 경험이 있는 나는 이스트사이드디스틸링에서 만든 남부 위스키 버번, 번사이드 버번을 한 병 샀다.

와인, 맥주, 양주 공장에 방문할 때마다 기념으로 술을 한 병씩 사다 보니 가방에 벌써 3병의 술이 담겼다. 방문한 지역의 술을 시음하고 사는 것은 여행의 또 다른 즐거움이다. 포틀랜드는 독립 양조장을 관광 자원으로, 동시에 지역 문화 형성의 기반으로 활용한다. 가만히 생각해보니 포틀랜드에서 맛본 술은 모두 포틀랜드에서 유래한 술이 아니었다. 와인, 맥주, 양주 등은 따지고 보면 모두 다른 나라의 술이다.

세계적으로 많이 마시는 술 중 하나인 보드카는 굳이 국적을 따지면 러시아다. 그러나 세계적으로 인정받는 보드카를 만드는 곳은 러시아만이 아니다. 보드카 중 가장 고급으로 불리는 그레이구스를 생산하

클레이피전 와이너리와 시릴스 식당

는 나라는 프랑스고, 우리가 많이 마시는 앱솔루트 생산지는 스웨덴이다. 스코틀랜드가 싱글몰트 위스키 생산을 독점하는 것도 아니다. 일본도 세계 최고 수준의 싱글몰트를 만든다.

우리나라는 최근 지역 술의 중요성을 인식하여 여러 가지 지원 방안을 내놓고 있다. 이번 기회에 지역 술의 개념을 다시 생각해볼 필요가 있다. 아직도 일부에선 지역 술을 전통주로만 이해한다. 한 지역이 잘 만들수 있는 술을 그 지역이 과거에 만들었던 술만으로 한정할 필요는 없다.

우리 정부가 지역 전통주의 생산을 지원하는 것을 반대하진 않는다. 하지만 모든 지역 기업이 전통주만을 고집할 필요는 없다. 우리나라가 세계적인 보드카, 진, 위스키를 만들지 못할 이유가 하나도 없다. 한번 상상해보자. 제주는 보드카, 부산은 위스키, 전주는 진, 군산은 사케 생산지로 유명해진 미래를!

독립 상점의 자부심으로 성공한 파월 서점

펄디스트릭트로 돌아가 보자. 이곳에는 스스로 미국 최대의 독립 서점이라고 광고하는 파월 서점Powell's Bookstore이 있다. 교보문고에 익숙한 우리나라 사람에게도 파월 서점의 규모는 인상적이다. 서점이 아니고 도서관이라도 불러도 될 만큼 수많은 책을 보유하고 있다.

나는 점원에게 포틀랜드 도시 개발에 관한 책을 찾는다고 말했다. 친절한 점원이 나를 데려간 서가는 도시학Urban Studies 섹션이다. 서점에

파월 서점

도시학 섹션까지 있다니 놀라울 따름이다. 천장까지 닫는 책장에서 한참 포틀랜드 관련 책을 찾던 점원이 내게 다른 섹션으로 가보자고 했다. 그가 안내한 곳은 도시경관Cityscape 섹션이었다. 사실 'Cityscape'는 처음 듣는 단어였다. 그곳에서 나는 또다시 놀랐다. 5미터 이상 긴 서가에 도시경관에 관한 전문서가 빽빽하게 꽂혀 있었다. 파월 서점이 내게 준 선물은 《포틀랜드 에지The Portland Edge》라는 책이다. 며칠 동안 도서관을 검색해도 찾기 어려웠던 책을 이 서점에서 찾았다.

파월 서점의 로고에서 인상 깊은 단어는 '독립Independent'이다. 이 단어는 서점 곳곳에서 발견된다. 이러한 사실에서 알 수 있듯이 파월 서점은 체인이 아닌 독립 서점이라는 점을 유난히 강조한다. 나는 파월 서점이 독립 서점이라는 자부심을 품고 있기에 성공했다고 생각한다.

펄디스트릭트에는 데슈트브루어리같은 독립 맥주 회사, 에덴이라는 여성 의류 부티크 상점 등 유난히 독립 소상인 가게가 눈에 많이 띈다. 독립 가게를 선호하는 문화는 포틀랜드 전역에서 느낄 수 있다. 포틀랜드에는 다른 대도시에 비해 큰 체인 상점을 찾아보기 어렵다. 우리에게 아주 친숙한 세븐일레븐처럼 전국 네트워크를 가진 편의점도 찾아보기 어렵다.

푸드 트럭Food Truck 문화도 독립 상점을 중시하는 포틀랜드 문화가 있어 가능하다. 도심 곳곳에서 수많은 푸드 트럭이 영업을 한다. 다양한 나라의 음식을 파는 푸드 트럭과 그곳에 몰려든 다양한 사람들이 어우러진 모습은 포틀랜드의 대표적인 이미지가 되었다.

독립심과 개방성, 어떻게 보면 서로 충돌하는 개념이지만 성공한 도시에서 공통으로 발견할 수 있는 미덕이다.

새로움과 자유로움의 도시 문화

포틀랜드는 자유롭고 새로움이 넘치는 도시다. 그래서 나이키와 같이 새로움과 자유로움을 내세워 상품을 판매하는 기업이 있다는 게 더 자연스럽게 느껴진다.

포틀랜드의 새로움과 자유를 체험할 수 있는 제일 좋은 수단은 힙스터Hipster 문화다. 최근 미국의 한 잡지는 미국에서 가장 힙스터적인 도시로 포틀랜드를 선정했다. 힙스터는 1990년대 미국에서 시작된 새로운 대항문화 또는 이 문화를 따르는 사람을 의미한다. 그러한 힙스터가 많다는 것은 그만큼 포틀랜드가 새로움과 자유로움을 추구하는 도시라는 사실을 의미한다.

힙스터를 어떻게 정의할 수 있을까? 대중문화를 잘 모르는 내겐 외적인 구분이 중요하다. 히피는 복장, 머리 모양 등 외모로 확실히 구별할 수 있다. 그런데 힙스터는 외적인 특징이 확실하지 않다. 힙스터 관련 문헌에서 찾은 정보에 의하면, 힙스터는 20~30대 나이에 빈티지나 재활용 옷을 즐겨 입는 사람이라고 한다. 또한 많은 힙스터가 픽시라고 불리는 싱글 기어 자전거를 타고 다니는데, 픽시는 평범한 자전거가 아니고 다양한 색깔과 디자인으로 만들어진 독특한 자전거다. 힙스터의 소비 성향도 남다르다. 인디음악, 카페, 허름한 바, 채식, 아날로그 레코드 등이 그들이 좋아하는 문화 상품이다.

힙스터에 대해 이쯤 알고 나니, 불현듯 우리나라의 한 지역이 머리에 스쳤다. 힙스터가 좋아할 만한 가게가 많은 지역이 있다면 바로 홍대일 것이다. 홍대나 그 주변의 상수역과 합정역 일대는 개성 있는 젊은이들이 많이 모인다. 그들은 가식적인 모습을 싫어하며, 독특한 옷을 입고 허름한 바나 카페에 모여든다. 자전거도 홍대 문화의 일부다. 홍대에 가면 그 좁고 위험한 길에서도 자전거를 타고 다니는 젊은이들을 자주 볼 수 있다. 자전거에 대한 수요가 많아서인지, 여기저기에 자전거 가게도 많이 있다. 내가 아는 사람 중 힙스터라고 부를 수 있을 만한 사람은 제자 C다. 지금은 대학을 졸업하고 잡지사에서 영문 에디터로 일하고 있다. 그는 스키니진을 즐겨 입고 중고품처럼 보이는 허름한 옷도 자주 입는다. 사는 곳은 상수역이며 문화계에서 일하는 데다 나이도 20대 중반이니 힙스터의 기본 조건을 만족하는 셈이다.

2000년대 후반에 들자, 힙스터에 대한 비판적 시각이 늘어났다. 어떤 사람들은 대안도, 지식도, 문제의식도 없으면서 남들보다 우월하다고 생각하는 사람이 힙스터라고 비난한다. C의 부모는 C가 어서 빨리 안정된 직장에 다니기를 원한다. 부모가 하는 말에 크게 의미를 두지 않고 꿋꿋이 사는 C는 힙스터다운 것일까?

사실 포틀랜드가 힙스터들의 도시인 게 놀랄 일은 아니다. 포틀랜드에는 젊은이가 많이 살고 대중교통과 친환경 문화가 잘 발달해 있으며, 힙스터가 좋아하는 문화적 인프라가 풍부하다. 독립적이면서도 개방적인 도시 분위기의 포틀랜드는 획일적인 삶을 거부하는 힙스터에게 안성맞춤이다.

1960년대에 활발했던 포틀랜드의 히피 전통은 그 후예인 힙스터 문화의 발전에 기여했다. 지금도 포틀랜드 곳곳에서 현대의 히피를 발견할 수 있다. 히피 문화의 여파 때문인지, 포틀랜드 사람들은 다른 지역 사람보다 반체제적 성향이 더 강하다. 또한 자유로운 인생과 대안적 라이프스타일에 관대하다.

2010년 포틀랜드를 배경으로 한 TV 드라마인 〈포틀랜디아Portlandia〉를 통해 포틀랜드 문화의 특이성이 세계 전역으로 퍼졌다. 포틀랜드 문화의 특이성을 경험할 수 있는 대표적인 지역은 오랫동안 히피 중심지로 알려진 호손디스트릭트Hawthorne District이다. 〈포틀랜디아〉의 주인공이 사는 지역도 여기다.

북부 캘리포니아의 버클리 거리를 걸어본 사람은 호손의 분위기를

호손 디스트릭트의 바그다드 극장

금방 파악할 수 있다. 호손을 걷다 보면 히피, 동성연애자, 거리 음악가 등 평범하지 않은 사람을 많이 만난다. 남을 신경 쓰지 않는 듯, 특이한 옷을 입고 노래를 부르며 다닌다. 정말 자유분방한 거리다. 호손에서는 사람만 비범한 게 아니다. 가게와 음식점도 평범하지 않다. 호손에는 특히 빈티지 가게가 많다. 빈티지는 패션계에서 오래된 옷, 구시대의 패션을 다시 살리거나 현대적으로 재해석한 의류를 말한다. 히피 음악을 팔거나 독특한 디자인의 옷과 소품을 파는 가게도 많다. 거리에서 직접 옷을 파는 가게도 많은데, 그런 가게는 대부분 중고상품을 취급한다. 그 외에도 호손은 인도, 네팔, 멕시코, 에티오피아 등 다양한 외국 음식점과 브런치 카페, 버블티 숍, 제과점, 케이크 전문점 등 고소득 전문직이 좋아하는 가게가 즐비하다.

호손의 중심부는 87년 전통의 바그다드 극장Baghdad Theater이다. 이름부터 심상치 않다. 미국 서부 도시의 한가운데에 아랍 이름의 극장이라니! 바그다드 극장 앞은 항상 관광객으로 붐빈다. 거리 음악가가 관광객을 위해 연주하는 모습도 바그다드 극장 근처에서 흔히 볼 수 있는 장면이다.

나는 호손이 계속 히피 문화를 유지하기를 희망한다. 히피의 현대판인 힙스터 문화로 변질하는 것도 원하지 않는다. 도시학에서는 고소득 전문직 직장인이 예술가, 히피, 저소득 노동자가 사는 지역으로 이사해 그 지역을 고급 문화와 주거 지역으로 바꾸는 과정을 '고급 주택화 Gentrification'라고 부른다. 어떻게 보면 포틀랜드 전체가 고급 주택화 과정을 거치는 중인지도 모른다.

고급 주택화가 포틀랜드 전역으로 확산하여 호손과 같은 히피 지역이 없어지면 도시의 다양성은 크게 훼손될 것이다. 포틀랜드 고유의 새롭고 자유로운 라이프스타일도 위협받을 수 있다. 포틀랜드를 위해서라도, 적어도 호손만은 규격화되지 않은 도시 문화를 계속 유지해 나가야 할 것이다.

Portland & Nike

● 나이키의 지역 기반 경영

지역 문화에 기반한 비지니스 모델

육상 중심지인 오리건에서 운동화 기업으로 창업 포틀랜드는 '미국에서 가장 푸른 도시(The Greenest City in America)'로 불린다. 포틀랜드 시민은 도시 전역의 공원에 발달한 산책로와 조깅 코스를 일상적으로 애용한다. 활동적인 도시 문화 속에서 나이키가 운동화 개발을 위해 노력하는 것은 어쩌면 당연한 일이었다. 이렇듯 나이키의 경쟁력은 본사 지역의 라이프스타일에서 시작되었다.

포틀랜드와 나이키가 공유하는 문화, '스포츠=일상' 산책과 조깅을 즐기며 자전거 통근 비율이 높은 포틀랜드 시민에게 스포츠는 일상이다. 나이키의 창업자 빌 보워만은 '신체만 있다면 당신은 운동선수다(If you have a body, you are an athlete)'라고 말했다. 나이키의 운동 철학이 곧 포틀랜드 주민의 실생활이다.

지역 문화를 활용한 마케팅 전략

나이키의 'Just Do It' 철학 나이키는 새롭고 자유롭게 도전할 것을 강조한다. 누구에게나 익숙한 나이키의 'Just Do It' 마케팅 구호는 자유롭고 진취적인 포틀랜드 문화를 표현한다.

지속 가능한 경영 포틀랜드 시민은 신선한 먹거리와 운동으로 몸의 건강을 도모할 뿐만 아니라 사회적 책임을 다함으로써 건강한 사회를 이루고자 하는 욕구도 강하다. 이러한 움직임에 부응하여 나이키 역시 친환경 소재로 제품을 만드는 '컨시더드 디자인'을 강조한다. 환경은 포틀랜드 시민과 나이키가 공유하는 또 하나의 가치다.

● 포틀랜드의 도시 문화 정책

도시 개성을 강조하는 도시 문화 정책

독립 소상인 가게에 우호적인 시 정부 포틀랜드 도심에는 세븐일레븐 편의점 등 프랜차이즈 유통업체를 찾기 어렵다. 그 대신 파월 서점 등 전국적으로 유명한 독립 가게들이 도심 거리를 채운다. 지역 중소 업체에 우호적인 시장 환경은 우연이 아니다. 시 정부가 오랫동안 미국의 대표적인 대형 유통업체인 월마트 확장을 저지하는 정책을 견지했고 지역 소상인을 보호하는 시민단체들의 활동도 활발하다.

힙스터, 히피 문화 지역 보존 대안적 삶을 추구하는 힙스터와 히피 문화는 자유롭고 새로운 포틀랜드 문화를 대변한다. 포틀랜드 히피 문화의 중심지인 호손디스트릭트에서는 사람, 가게, 그리고 문화 시설마저도 자유롭게 보인다. 이러한 활력은 주민이 지역 문화 정체성을 확립하기 위해 기울인 노력의 결과다.

도심의 소규모 양조 산업 교외에 발달한 기존 양조 산업과는 다른 도심 양조 산업이 포틀랜드의 새로운 문화 트렌드다. 도심 속에 자리 잡은 독립적인 소규모의 양조장이 지역 문화를 더욱 새롭고 자유롭게 만들며 동시에 중요한 관광 자원으로 자리 잡았다.

진보적인 라이프스타일 중심의 도시 개발 정책

스마트 성장 전략 포틀랜드는 도시 환경을 보호하고 삶의 질을 높이기 위해 스마트 성장 전략을 추진하는 대표적인 도시다. 주요 상업 시설과 주거 건물을 한곳에 밀집시키고 인도와 자전거 전용 도로, 대중교통 시스템을 체계적으로 구축하여 에너지 소비를 줄인다. 자전거 통근자를 위한 상업 시설이 들어서며 포틀랜드에는 새로운 개념의 부동산 개발이 시작되었다.

와인 산업, 아웃도어 산업 활성화 포틀랜드는 북부 캘리포니아 나파밸리와 견줄 만한 미국의 대표적인 와인을 생산하며 컬럼비아 등 세계적인 아웃도어 기업을 배출했다. 포틀랜드의 와인과 아웃도어 산업은 지역 환경에 적합한 지역 산업과 브랜드를 성공적으로 개발하고 이를 전국적인 산업으로 발전시킨 지역 기반 산업의 모범 사례다.

03

팰로앨토와 구글

★★★

실리콘밸리를 이끈 대항문화의 핵심,
이단 기업가 정신

● 자유분방한 업무 철학을 가진 구글

10년 전, 구글을 처음 만났다. 보통사람에겐 2기가바이트, 특별한 고객
에겐 무제한 용량을 제공한다며 지메일을 추천하던 선배의 권유는 상
당히 솔깃했다. 예나 지금이나, 구글 지메일의 매력은 큰 용량이다. 또 해
외 출장에서 사용하기가 편리하다. 해외에서는 종종 내가 근무하는 학
교 이메일 계정에 접속하기가 어려웠던 반면, 구글은 언어나 인증에 상
관없이 모든 컴퓨터에서 쉽게 접속할 수 있었다. 한번 지메일을 쓰기 시
작했더니 이제는 지메일 없이는 살 수 없을 것 같다. 10년간 사용한 덕
분에 메일함 사용 용량이 커져 매달 돈을 내야 한다. 하지만 다른 서비

스는 구글이 제공하는 용량을 따라오지 못하니 어쩔 수 없다. 구글 의존도는 이메일에서만 심각한 게 아니다. 이래도 되나, 걱정스러울 정도로 구글에 모든 걸 맡겼다. 모든 문서를 구글 드라이브에 보관하고 스마트폰도 안드로이드 운영 체제를 쓰다 보니 일정, 메모, 음악 등 나의 모든 모바일 일상을 구글이 관리한다. 한마디로 구글이 내 작업 비서다.

미국의 명문 대학들도 구글 시스템으로 이메일을 사용하기 시작했다. 내가 재직하는 학교는 자체 시스템으로는 교내 이메일 수요를 감당하기 어렵다는 점과 구성원이 필요한 용량을 확보하려면 막대한 규모의 투자가 필요하다는 점 때문에 메일 시스템을 구글로 전환하는 것을 검토하고 있다.

구글이 지금 같은 추세로 우리의 일상을 지배해 나간다면, 머지않아 소설가 조지 오웰이 경고한 것처럼 사람들의 모든 일상을 감시하는 독재자 빅브라더Big Brother가 될 수도 있다. 이미 지메일을 쓰면서 많은 것을 잃었다. 한때 이메일 주소는 우리가 원하는 그룹으로 우리를 묶어줬다. 지금은 아니다. 현재 나의 이메일 주소는 '나의 이름.gmail.com'이다. 지메일 주소는 나의 직장, 모교, 모국 등 내가 속한 많은 집단 중 어느 것도 보여주지 않는다. 그중 모교를 잃은 것이 가장 아쉽다. 나는 대학원을 졸업할 때, 졸업 후에도 학교 이메일 주소를 계속 쓸 수 있다는 게 무척 기뻤다. 지금은 모교에서 이메일 계정을 주어도 사용하는 사람이 많지 않다고 한다.

구글은 거대한 공룡 티라노사우루스 같은 존재다. 디지털 시대의 '독점 기업'이란 명성에 걸맞게 모든 영역에서 거대한 영향력을 행사하는 동시에 경쟁사들을 황폐하게 휩쓸어버린다. '공룡'에 대항하기 위해 통신사, 포털사, 스마트폰 생산자, 소프트웨어 개발사 등 수많은 기업은 특허 침해, 불공정거래, 독점 금지법 위반, 기업 비밀 절도, 사생활 침해, 저작권 위반 등의 항목으로 법정에서 힘겨운 싸움을 한다.

실제로 얼마나 많은 사람이 '독점 기업' 구글을 위험하다고 생각할까? 밝은 미래를 꿈꾸는 나의 제자에게는 구글이 오히려 꿈의 기업이다. 구글은 기술, 일하는 방식, 네트워크, 사내 복지, 기업 문화 등 거의 모든 분야에서 젊은이가 열광하는 새로운 기업 트렌드를 이끈다.

구글은 올해로 창립한 지 15년이 되었다. 스탠퍼드 대학원에서 공부하던 래리 페이지Larry Page와 세르게이 브린Sergey Brin은 1998년 팰로앨토 옆 멘로파크 가정집 창고에서 처음으로 구글을 탄생시켰다. 현재 구글 본사는 팰로앨토 남쪽 마운틴뷰 시의 샌프란시스코 만 근처에 있다. 대학 캠퍼스처럼 조성된 본사를 구글플렉스Googleplex라고 부른다.

구글의 매우 큰 경쟁력은 기업 문화다. 2013년에 개봉된 영화 〈인턴십The Internship〉은 구글의 기업 문화를 창의성, 자유, 그리고 재미로 표현한다. 회사는 한때 직원에게 근무시간의 20퍼센트를 창의적인 일에 자유롭게 쓰도록 허용했을 만큼 창의성을 강조한다. 이 같은 창의성을 독려하는 문화로 수많은 혁신 제품을 시장에 소개했다. 이미 우리 일상에 깊숙하게 자리한 검색엔진 기반의 서비스나 방대한 데이터베이스가 필요한 전자책, 3차원 지도 서비스는 물론이고 구글 글래스 등 새로운 스마트 기기로 우리 삶을 이끌고 있다. 심지어 최근에는 미 국방성 지원을 받던 군용 로봇 생산 기업을 인수하거나 우주 산업에 눈을 돌리는 등 새로운 분야로의 도전도 주저하지 않는다. 아마도 자신을 창의적이라고 생각하는 사람은 이 회사에서 한번 일해보고 싶은 충동을 느낄 것이다.

구글은 자유분방한 기업이다. 본사에 가면 회사 자전거를 타고 자유롭게 단지 내를 돌아다니는 직원들을 볼 수 있다. 유럽 도시에서 흔히 볼 수 있는 '시티바이시클City Bicycle'의 개념을 빌려 온 것이다. 관광객은 시티바이시클을 어디에서나 빌리고, 어디에서나 버릴 수 있다. 마찬가지로 구글 직원들도 건물과 건물을 이동할 때 건물 앞에 서 있는 자전거를 하나 골라 타고 다음 건물에 도착하면 건물 앞에 두고 가면 된다. 회사 단지 안에서의 이동에 대한 경직된 사고를 벗어난 구글다운 참신한 발상이다.

모든 사람이 부러워하는 복지 제도는 어떨까? 좋은 음식을 무제한 공급하는 카페테리아, 수영장과 골프 코스, 혼자만의 휴식 공간을 제공하는 큐비클(Cubicle, 큰 방을 칸막이로 구분해 만든 좁은 방) 등은 말 그대로 '일하면서 즐기는Working and Playing' 업무 철학을 실현한다. 구글에서 일하다 떠난 한 후배는 오후에 사무실을 돌며 차를 나눠주던 '티 카트Tea Cart'를 지금도 그리워한다.

이러한 자유로움은 단순히 눈에 보이는 것에만 국한되지 않는다. '20퍼센트 80퍼센트 프로젝트'라는 게 있다. 구글 직원이라면 누구나 '아이디어 마켓'에 아이디어를 제출할 자격이 있다. 아이디어 마켓에서 일정 수 이상의 직원이 인정하면 그 아이디어는 '20퍼센트 프로젝트'에 등재된다. 그러면 자기 업무 시간의 20퍼센트를 투자해 이를 구체화할 수 있다. 회사는 20퍼센트 프로젝트 중 좋은 아이디어를 골라 80퍼센

구글플렉스와 구글 자전거

트 프로젝트로 지정해 공식 사업으로 추진한다. 구글 특유의 자유로운 기업 문화가 단순히 업무 외적인 부분뿐만 아니라 기업의 핵심에까지 깊게 뿌리내리고 있음을 보여준다.

실리콘밸리의 중심 팰로앨토

도시와 구글의 관계는 복잡하다. 본사는 마운틴뷰, 창업 장소는 멘로파크, 창업자들이 공부하고 활동한 주 무대는 팰로앨토. 그러나 현재 여러 사업을 팰로앨토에서 하고 있고, 마운틴뷰 본사도 팰로앨토 옆에 있기 때문에 구글이 자란 도시를 팰로앨토라고 말해도 큰 무리는 없을 듯하다. 어느 도시가 구글의 고향인지에 대한 논쟁을 피하려면 실리콘밸리를 내세우면 된다.

실리콘밸리는 샌프란시스코 만 서쪽의 팰로앨토 시에서 남쪽 새너제이San Jose 시까지 넓게 걸쳐 있다. 행정 구역으로는 샌타클래라카운티Santa Clara County, 새너제이 시, 그리고 샌마테오카운티San Mateo County 일부를 포함한다. 스탠퍼드 대학이 1953년 스탠퍼드 연구단지를 만들고, 실리콘으로 된 반도체 칩을 생산하는 기업을 대거 유치하면서부터 이 지역은 실리콘밸리라고 불리기 시작했다.

구글은 자타가 공인하는 실리콘밸리의 간판 기업이다. 그러나 구글이 얼마나 오랫동안 실리콘밸리 대표 자리를 유지할지는 아무도 모른다. 실리콘밸리가 시작된 스탠퍼드 연구단지의 건물 주인이 거의 매년 바뀌듯 실리콘밸리에서는 수없이 많은 기업이 탄생하고 소멸한다. 실리콘밸리에 사는 젊은 사람 중 과거 실리콘밸리를 이끌었던 복합기업 리턴인더스트리스, 복사기 제조업체 제록스, 반도체 제조업체 내셔널세미컨덕터와 페어차일드세미컨덕터를 기억하는 사람은 얼마나 될까? 창조, 도전, 위험 감수를 강조하는 실리콘밸리에서 기업의 탄생과 소멸, 그리고 재탄생의 반복은 어쩌면 당연한 현상이다.

실리콘밸리에서 실패란 미래의 성공을 여는 서막에 불과하다. 꽤 성공한 변호사도 실리콘밸리에서 만큼은 거부당하는 일을 다반사로 겪는다. 미국 명문 대학을 졸업한 변호사 T에게서 들은 이야기로는, 새로운 벤처를 위해 투자자를 찾아가 자금 투자를 부탁하면 10번에 9번은 거부당한다고 한다. 또 그가 지원하는 사업의 90퍼센트는 투자자를 찾지 못한다고 한다. 그러니 거절당해도 좌절하지 않는 자세가 실리콘밸리에서의 생존법이다. "거절당할 수 있고, 실패할 수 있다는 것에 대해 마음의 준비를 하고 이곳에 와야 해요." T는 학교가 학생에게 냉혹한 창업 현장의 진실을 교육하면, 졸업 후 한두 번의 거절로 좌절하는 일은 없을 것이라고 조언했다.

구글의 주력 사업인 검색 광고와 운영체제는 한때 주도적 비즈니스 모델이었지만, 지금은 SNS에 권좌를 내줬다. 소 잃고 외양간 고친다고, 구글 회장 에릭 슈밋Eric Schmidt은 지금도 SNS 참여 기회를 놓친 것을 가장 아쉬워한다. 그러나 언젠간 SNS도 또 다른 비즈니스 모델에 밀릴 것이다. 실리콘밸리의 모든 사람이 항상 '다음의 큰 것Next Big Thing'을 기다리고 준비한다.

'다음의 큰 것'이 무엇인지는 몰라도 실리콘밸리에서 탄생할 것만은 확실하다. 실리콘밸리는 미국 벤처 산업의 중심지다. 그리고 엄청난 기득권을 누린다. 많은 돈이 더 많은 돈을 만들듯이 실리콘밸리의 성공이 미래의 실리콘밸리를 보장한다.

1995년 실리콘밸리에서 최초로 애플 클론 회사인 파워컴퓨팅Power Computing을 창업한 스티브 강Steve Kahng 대표는 새로운 기술과 아이디어를 가진 사람이라면 실리콘밸리에서 창업할 수밖에 없다고 단언한다. 자본, 노하우, 마케팅, 기술 등 창업 성공에 필요한 모든 자원이 몰려 있어서 창업자가 효율적으로 가장 우수한 자원을 확보할 수 있는 곳이 바로 실리콘밸리이기 때문이다. 활발한 벤처 산업 문화도 창업자에게 유리하다. 실리콘밸리 벤처캐피털 회사는 벤처 기업을 위해 전문가와 경영진을 충원하는 등 새로운 기업을 만든다고 해도 과언이 아닐 정도로 엄청나게 지원한다. 투자한 회사에서 투자 자금을 회수하기만 기다리는 우리나라 벤처 산업 문화와는 큰 차이가 난다.

우리나라를 포함해 세계의 많은 나라가 자국에 실리콘밸리를 유치하고 싶어 한다. 그러나 이에 성공한 나라를 찾기는 어렵다. 실리콘밸리에서 활동하는 작가 폴 그레이엄은 실리콘밸리를 건설하는 일이 이론적으로는 간단하다고 말한다. 그는 실리콘밸리의 엔지니어와 벤처 투자자 중 만 명만 다른 도시로 옮기면 그 도시가 새로운 실리콘밸리가 된다고 주장한다. 문제는 이들 엔지니어와 벤처 투자자 모두 좋아하는 도시를 찾기가 어렵다는 것이다. 엔지니어는 뉴욕, LA, 마이애미 등 화려한 도시를 좋아하지 않고, 벤처 투자자와 같은 부자는 이타카, 매디슨, 피츠버그 등 엔지니어를 많이 배출한 대학의 도시에 살고 싶어 하지 않는다.

새로운 실리콘밸리를 건설하는 사업의 관건은 부자와 공부벌레가 모두 좋아하는 도시를 만드는 것이다. 미국에서 그런 곳은 어디일까? 팰로앨토, 오스틴, 시애틀이 이 조건을 만족하는 도시이다. 그런데 이 도시들은 대부분 서부에 있다. 서부 도시가 부자와 공부벌레에게 매력적인 공통의 이유는 기후, 자연환경, 문화이다. 그중에서 나는 서부의 '격식 없는 문화'가 매우 중요하다고 생각한다. 이 문화는 부자와 엔지니어가 서로의 문화적 벽을 극복하게 함으로써 함께 일하기 쉽게 돕는다.

2008년 세계 금융위기 이후 미국 경제의 중심도 월스트리트에서 실리콘밸리로 이동했다. 뉴욕이 아닌 실리콘밸리, 그리고 그 중심인 팰로앨토로 억만장자를 꿈꾸는 재능 있는 기업인이 모인다. 다시 강 대표의 말을 빌리면, "실리콘밸리에 돈과 인재가 모이는 이유를 복잡하게 설명

휼렛패커드 본사에서 바라본 스탠퍼드 연구단지의 중심 도로

할 필요가 없다. 미국에서 제일 많은 억만장자를 배출하기 때문이다."

격식 없는 캘리포니아 문화의 영향

팰로앨토의 중심은 스탠퍼드 대학 정문에서 시작되는 유니버시티애비
뉴University Avenue이다. 이 거리를 중심으로 카페, 레스토랑, 바, 부티크 상
점, 서점, 화랑 등 젊은 세대가 선호하는 상권이 형성되어 있다. 도시적
라이프스타일을 선호하는 실리콘밸리 사람은 팰로앨토를 주거지로 선
택한다. 반면 가정적이고 한적한 환경을 좋아하는 사람은 우드사이드,
포톨라밸리 등 팰로앨토 주변의 전원도시에서 산다.

팰로앨토의 도심은 누가 말해주지 않으면 이곳이 세계 벤처 산업과

첨단기술 연구의 중심지인지 의심스러울 정도로 조용하고 차분하다. 겉으로 보기엔 작고 소박한 건물들도 사실 세계적인 벤처캐피털 회사와 로펌 사무실이다. 실리콘밸리의 벤처캐피털 회사는 팰로앨토 도심, 그리고 도심에서 몇 킬로미터 떨어진 샌드힐로드에 집중되어 있다.

팰로앨토 카페는 종일 붐빈다. 많은 사람이 노트북을 들고 카페에서 일한다. 카페에서 진행되는 회의와 모임도 일상적이다. 나중에 안 사실이지만 실리콘밸리의 중요한 거래는 모두 카페에서 이루어진다고 한다. 캘리포니아의 빛나는 태양을 즐기면서 여유 있게 커피를 마시는 사람들이 실은 우리의 라이프스타일을 바꾸는 기술과 기업을 사고파는 주체들이다.

모든 카페와 식당이 중요한 거래 장소인 건 아니다. 팰로앨토에 사는 친구들 말에 의하면 최근에는 두 곳이 비즈니스 거래의 중심지로 인기 있다고 한다. 한 곳은 팰로앨토에서 조금 떨어진 우드사이드 시에 있는 벅스Bucks, 또 다른 한 곳은 유니버시티애비뉴에 있는 일포르나이오Il Fornaio다. 벅스나 일포르나이오 모두 관광객이 쉽게 방문할 수 있다.

팰로앨토는 수많은 억만장자를 배출하지만, 미국 동부와 유럽에서 볼 수 있는 귀족 문화를 만들지 않는다. 팰로앨토의 격식 없는 문화는 다분히 캘리포니아의 영향을 받았다. 캘리포니아는 개방적이고 새로움을 추구하는 곳이다. 동부를 떠나 캘리포니아를 개척한 사람들은 기존의 권위와 격식을 거부하고 새로운 기회를 찾아 떠난 사람들이었다. 그들은 캘리포니아에 정착했을 때 개인주의적이고 자유로운 문화를 구축하고 또 지금껏 유지했다.

팰로앨토의 유니버시티애비뉴

한 도시에서 혁신적인 생태계를 구축하기 위해서는 구성원 간의 격식 없는 문화가 중요하다. 혁신은 서로 다른 특성을 가진 사람이 자유롭게 협력할 수 있어야 가능하기 때문이다. 나이, 성별, 종교, 직위에 따라 상하관계, 우열관계, 위계질서를 만드는 사회에서 자유로운 협력을 기대하기는 어렵다.

구글을 소재로 만든 영화 〈인턴십〉을 보면 격식과 지위가 없는 구글의 기업 문화를 살펴볼 수 있다. 인턴으로 창업 대회에 참여한 닉은 구글 임원인 다나와 사랑에 빠진다. 인턴과 임원의 사랑은 다소 진부한 소재일 수 있지만, 자유로운 구글의 기업 문화를 단적으로 보여주는 예이다.

격의 없는 문화라고 해서 질서가 없는 것은 아니다. 한국에서 자란 나는 미국에서 상사를 이름으로 부른다거나 서 있는 상사에게 앉아서 대답하는 것이 어색했다. 학교 다닐 때는 차마 교수님을 이름으로 부를 수 없어 항상 교수님으로 존칭을 썼다. 나의 존칭이 어색하셨는지, 교수님은 학생 때나 지금이나 나를 '미스터 모'로 부르신다.

지금도 나는 미국으로 유학 가는 제자에게 미국 선생님을 이름으로 부르지 말라고 조언한다. 미국은 겉으로 보이는 모습과 달리 상하관계가 엄격하다. 사람들은 미국에서 상사의 지시나 의견을 공개적으로 반반할 수 있다고 생각하지만, 솔직히 내 경험으로는 그렇지 않았다. 토론이 자유롭다는 교수 회의에서도 막강한 권한을 가진 학과장 앞에서 직접적이고 솔직하게 말하는 교수는 없었다.

나는 농담으로 이런 말을 가끔 한다. 미국 보스는 한국 보스와 달리 사원을 자유롭게 해고할 수 있는 권한이 있다고. 우리나라에서 해고는 문화적으로나 법률적으로 쉽게 할 수 있는 일이 아니다. 어떻게 보면 미국 사회는 막강한 권한 행사로 경직되기 쉬운 인간관계를 격의 없는 문화로 완충하고 있는지도 모른다.

실리콘밸리의 역사와 문화적 동력

캘리포니아의 독립 정신과 개척 문화만으로는 실리콘밸리의 성공을 설명하기 어렵다. 기존 연구를 살펴보면, 실리콘밸리가 성공할 수 있었던 주요 요인은 정부 지원과 스탠퍼드 대학의 주도적인 역할이다.

실리콘밸리의 본격적인 성장은 제2차 세계대전과 냉전 시대에 미국 군수 산업에 진공관과 반도체를 공급하면서 시작되었다. 그 당시에는 미국 정부와 국방성이 실리콘밸리 생산품의 제일 큰 고객이었다. 실리콘밸리 역사에서 중요한 자리를 차지하는 휼렛패커드HP와 페어차일드세미컨덕터는 정부에 전자 장비를 납품하고 정부 연구개발 사업의 지원을 받아 성장한 기업이다.

실리콘밸리를 초기부터 지원하고 이끈 역할을 한 기관은 스탠퍼드 대학이다. 중요한 기술을 개발하고 첨단기술 인력을 교육함으로써 실리콘밸리의 성장에 기여했다. 현재 실리콘밸리라고 불리는 지역은 캠퍼스 내에 개발해서 분양한 스탠퍼드 연구단지에서 시작되어 새너제이 방향으로 퍼진 것이다.

1930~1940년대 마이크로파 관, 진공관, 고체전자 등 실리콘밸리 기

업이 상업화한 기술은 거의 모두 대학 연구소에서 개발됐고, 1960년대도 인지과학 연구를 통해 PC 개발에 중요한 기술을 제공했다. 스탠퍼드 대학이 실리콘밸리 발전에 결정적으로 기여한 것은 기술뿐만이 아니다. 더 중요한 기여는 창업 문화 전파였다. MIT 등 동부 대학, 심지어 같은 서부 도시인 캘리포니아의 버클리 대학과 달리 초기부터 산학협력을 통해 대학에서 개발한 기술을 상업화했다.

스탠퍼드 대학에서 창업과 기업가 문화를 지원하는 학풍이 자리 잡은 것은 전적으로 프레드릭스 터만Fredrick Turman 교수의 공이다. 스탠퍼드 대학 교수의 아들로 태어난 터만은 1925년 MIT에서 전자공학으로 박사 학위를 받은 후 아버지가 계신 대학의 전자공학과 교수로 부임했다. 지역 기업과 산학협력에 남달리 관심이 많았던 그는 교수 시절에 제자들을 데리고 당시 새로운 전자 산업을 개척하기 위해 노력하는 기업인과 경영인을 즐겨 방문했다. 그는 뛰어난 제자들이 대학을 졸업한 후 동부 기업으로 취업하는 현실을 아쉬워하며, 산학협력과 창업을 통해 지역 기업을 육성하는 일이 중요하다고 생각했다.

당시 북부 캘리포니아는 첨단산업의 중심지가 아니었다. 첨단기술의 중심지는 동부였고 아이텔맥컬러프, 리턴인더스트리스 등 실리콘밸리에서 처음 성공한 진공관 기업이 사용한 원천 기술은 모두 동부 기업과 연구소에서 개발되었다. 지역의 자생적 산업 기반이 중요하다고 생각한 터만 학장은 제자들에게 대학에서 개발한 기술로 창업할 것을 적극 권장했다.

터만 학장의 권고로 팰로앨토에서 창업한 제자 중 아주 성공한 두

팰로앨토 도심 애디슨 거리의 HP 창고

사람이 1938년 세계적인 컴퓨터 회사인 휼렛패커드를 창업한 빌 휼렛 Bill Hewlett과 데이비드 패커드David Packard이다. 두 사람은 팰로앨토 도심 의 조그만 집에서 창업했다. 팰로앨토 시는 애디슨 거리에 있는 이 건물 을 역사 문화재로 등재했고 '실리콘밸리의 탄생지'로 명명했다.

1951년 스탠퍼드 공대 학장이 된 터만 교수는 더 열정적으로 지역 기업과 협력했다. 현재까지도 실리콘밸리의 중심지 역할을 하는 스탠퍼 드 연구단지 역시 그가 추진한 사업이다. 그는 대학의 넓은 땅을 첨단산 업 기업에 임대하는 방식으로 지역 기업을 유치하고, 이를 통해 기업과 의 공동연구 및 교수와 학생의 창업을 지원했다. 휼렛패커드, 리턴인더 스트리스 등 터만 학장이 후원한 수많은 기업은 실리콘밸리의 모태가 되었고, 실리콘밸리는 터만 학장이 건설한 스탠퍼드 연구단지를 중심으 로 무럭무럭 발전했다. 그래서 사람들은 터만을 '실리콘밸리의 아버지'

라고 부른다.

터만 학장은 우리나라와도 인연이 깊다. 2009년 박근혜 당시 한나라 당 의원은 스탠퍼드 캠퍼스를 방문하여 공과대학 건물인 터만공학센터를 찾았다. 우리나라 과학기술 발전의 산실 역할을 한 한국과학기술원 KAIST 설립에 큰 도움을 준 그를 기억하기 위한 방문이었다.

그는 1970년 한국 정부의 요청으로 KAIST 설립의 청사진을 제시한 〈터만 보고서〉를 작성하고 그 후 5년 동안 다섯 차례 한국을 방문해 KAIST 설립을 지원했다. 한국에서도 그의 발자취를 찾을 수 있다. KAIST가 2004년 대덕연구단지 캠퍼스에 건축한 '터만 홀'은 그를 기념한 공간이다.

KAIST는 지금도 학생 창업을 적극 지원하고 있다. 학기마다 열리는 기업가 정신과 특허 강의는 학생들에게 매우 인기 있는 수업 중 하나다. 최근에 구축된 '스타트업 KAIST' 시스템은 창업 문턱을 낮추고 창업의 전 주기를 지원하고자 학과별, 부서별로 분산되어 있던 창업 지원 프로그램을 통합했다. 그러나 대학이 적극 나서서 학생에게 창업에 필요한 모든 제반 사항을 지원하는 모델은, 역설적으로 대덕에 실리콘밸리와 같은 건강한 창업 문화가 자리 잡지 못하는 이유가 될 수 있다. 정부나 대학의 보조금에 익숙해진 학생은 개인의 위험 요소를 감당하거나 새로운 투자자를 찾는 데 서툴기 마련이다. 우리 정부가 실리콘밸리를 지금의 위치로 끌어올린 역사와 문화적 동력을 보지 못하고 실리콘밸리가 만들어 낸 결과에만 주목한 결과가 아닐까?

PC 산업을 개척한 대항문화

실리콘밸리를 개척한 사람은 옆집 아저씨같이 온화한 분위기의 터만 학장이다. 그러나 실리콘밸리의 역사가 터만 학장처럼 '모범적인' 사람으로만 채워진 것은 아니다.

1980년대, PC 시대가 열리면서 실리콘밸리는 첨단산업 중심지로서의 위치를 확고히 했다. 첨단산업은 1930년대에 시작됐지만, 실리콘밸리가 세계 경제를 주도하는 지역으로 부상한 것은 1980년대다. 1960~1970년대만 해도 실리콘밸리가 PC 시대를 주도하리라고 예상한 사람은 많지 않았다. 당시 미국 컴퓨터 산업의 중심지는 동부였다. 뉴욕에 본사를 둔 IBM이나 매사추세츠 주의 DEC 등의 컴퓨터 회사가 기업에 메인프레임 컴퓨터를 공급하면서 컴퓨터 시장을 장악하고 있었다.

PC_{Personal Computer}는 말 그대로 개인 컴퓨터다. 개인 컴퓨터는 개인이 회사로부터 독립하여 정보를 보관하고 관리할 수 있는 기계다. 메인프레임이 대기업의 권력을 상징한다면 개인 컴퓨터는 그와 같은 권력에서 개인을 자유롭게 하는 탈脫권력을 상징한다. 실리콘밸리에서 PC 산업을 개척한 사람들은 개인을 기업 메인프레임에서 해방하고자 노력했다. 다시 말해 기존 권위를 거부한 1960년대 대항문화_{Counterculture}를 컴퓨터 산업에서 실현하려고 노력한 것이다. 실제로 스탠퍼드 연구소에서 마우스, 이메일, 워드 프로세스 등의 개념을 개발한 더글러스 엥겔바트_{Douglas Engelbart} 등 많은 PC 산업 선구자들이 1960년대 대항문화의 추종자였다. 대항문화는 사회의 지배적인 문화에 정면으로 반대하고 적극

북부 캘리포니아의 대표적인 히피 지역 버클리 도심

도전하는 하위문화다. 1960년대 미국 대항문화의 상징은 반전운동, 히피즘, 마약이었으며 PC 개발자의 상당수가 상습적으로 환각제LSD를 복용했다.

지금의 팰로앨토와 실리콘밸리에서 대항문화의 유산과 현장을 찾기는 어렵다. 수많은 억만장자와 미래의 억만장자가 되려고 열심히 일하는 사람이 모인 실리콘밸리는 기존의 권위와 문화를 거부하는 히피가 살기에는 너무나 비싼 지역이 되어버렸다.

북부 캘리포니아 대항문화의 중심지는 팰로앨토에서 64킬로미터 떨어진 버클리다. 대항문화의 에너지를 새로운 산업으로 승화한 팰로앨토와 실리콘밸리는 미국 경제의 중심지가 되었는데, 대항문화를 본질에 가깝게 수용한 버클리는 어떻게 되었을까? 오랜만에 버클리를 찾았으나 과거의 모습은 그다지 남아 있지 않았다. 집값과 임대료를 감당하지 못한 히피들이 오클랜드 등으로 대거 이주했다. 부유한 전문직 종사자들이 이사해 오기 시작하면서 히피들이 떠난 샌프란시스코의 헤이트애시베리Haight-Ashbury의 전처를 밟는 것 같다. 헤이트애시베리는 1967년 수만 명의 히피가 집결해 '섬머 오브 러브Summer of Love' 반전운동을 벌였던 곳으로 히피 문화의 중심지였다. 하지만 히피들은 그리 오래가지 않았다. 나이가 들면서 대부분 주류 사회에 동참했고, 마찬가지로 버클리 히피들도 이제 교수나 비즈니스맨이 되었다.

스티브 잡스와 이단 기업가 정신

애플의 스티브 잡스는 1980년대에는 PC로, 2000년대에는 아이폰으로 실리콘밸리의 역사를 바꾼 전설적인 인물이다. 터만이 실리콘밸리의 아버지라면 잡스는 중시조다. 많이 알려진 사실이지만, 잡스는 모범생과 거리가 먼 사람이다. 그의 학력은 오리건 포틀랜드 시에 있는 리드 대학을 고작 1년 동안 다니다가 중퇴한 것으로 끝난다.

젊은 시절 대항문화에 심취했던 잡스는 마약을 상습적으로 복용했고, 마약을 복용한 자신의 과거를 숨기지 않았다. 오히려 이를 자랑스럽게 내보였다. 스티브 잡스가 인정한 유일한 전기이자 자신에 대한 직접적인 진술이 담겨 있는 《스티브 잡스》에서 그는 마이크로소프트의 빌게이츠를 시야가 좁은 '공부벌레'로 표현했다. 또한 "마이크로소프트 유전자에는 인간애와 인문학이 없다"며 "빌이 젊었을 때 마리화나나 히피문화에 빠졌더라면 좀 더 넓은 시야를 갖게 됐을 것"이라고 했다. 젊은 시절에 사용한 환각제, LSD에 대해서도 "LSD는 사물에 이면이 있음을 보여주는, 인생에서 중요한 경험의 하나"였고 "자신을 깨어 있는 사람으로 만들어주었다"고 회고했다.[6]

젊은 시절의 잡스는 히피였지만, 애플을 창업한 후 그는 인정사정없는 자본가로 변신했다. 그러나 히피였을 때나 성공한 기업인이었을 때나 변하지 않은 단 한 가지가 있다면, 그가 항상 이단아였다는 사실이다. 그는 기존의 정설과 권위를 거부하고 항상 '다르게' 생각했다. 그의 인생에서 주목해야 할 부분은 끝없는 도전이다. 잡스의 도전 밑바탕에는 기존 권위에 순응하지 않는 독립심과 기존의 권위를 극복할 수 있다는 자신감이 깔려 있다.

1960년과 1970년대 미국 이단아들은 대항문화를 통해 자신의 정체성을 확립했다. 마약, 반전운동, 섹스 등은 이단 정신을 표현하는 수단이었다. 일부 히피들은 주류 사회에 진출하여 세속적인 성공을 이뤘다. 그중 일부는 아이스크림 회사 벤앤드제리스, 화장품 회사 더바디샵, 식품 매장 홀푸드마켓 등 사회적 책임에 충실한 기업을 창업했다.

나는 솔직히 미국의 창업 문화가 부럽다. 미국 창업 문화의 역사를 알기 시작하면서 창업 문화 탄생에 이바지한 대항문화에까지 호감이 갔다. '모범생'으로 자라오다 중년이 되어서야 히피 지역을 방문하고 싶어졌다. "이럴 줄 알았으면 젊었을 때 그들과 더 가깝게 지냈을 텐데" 하는 약간의 후회와 함께, "우리나라에는 왜 대항문화가 없을까?"라는 의문도 들었다.

1960년대 반전운동이 히피 세대를 탄생시켰다면 우리나라에서는 1980년대 학생운동이 386세대를 만들었다. 미국의 히피 세대처럼 우리나라의 386세대도 새로운 가치관과 진보 정신으로 민주화 등 한국 사회 발전에 이바지했다. 386세대는 민주화에서만 활약한 것이 아니다. 1990년대 벤처 붐, 2000년대 한류 붐 등 우리나라의 새로운 산업에서도 주도적인 역할을 했다. 그러나 386세대가 우리나라에서 대항문화를 내면화했다고 말할 수 있을까? 아쉽게도 아니라고 생각한다. 우리나라 386세대는 처음부터 정치 세력이었고 지금도 기본적으로 정치 세력으로 영향을 행사할 뿐, 대안적 삶의 방식을 제시하는 문화 세력으로는 발

스티브 잡스가 영면한 알타메사 기념 공원

전하지 못했다.

　미국의 히피 세대는 달랐다. 베트남 전쟁을 반대하는 등 정치적인 성향을 보였지만, 전체적으로 보면 반전뿐만 아니라 자유, 인간, 평등을 강조한 대안 라이프스타일을 추구했다. 반면 정치권에 남은 386세대는 계속 1980년대 정치 이념을 추구했고, 정치권을 떠난 대다수 386세대는 주류 사회에 편입했다. 잡스는 자신이 히피였기 때문에 성공했다고 말했다. 우리나라에서 자신이 운동권이어서 성공했다고 주장하는 기업인이 있는가?

　잡스는 이단아적인 기업가 정신이 항상 혁신과 변화를 추구하는 실리콘밸리의 정신적 토대임을 증명했다. 실리콘밸리가 자랑하는 격식 없는 문화도 이단아에 대한 관용을 의미한다는 측면에서 보면 이단 문화의 일부라고 말할 수 있다. 실리콘밸리를 세우고 변화시킨 사람은 모두 기성 인재와는 달랐다. 히피 문화도 실리콘밸리를 거쳐 간 많은 이단 정신 중 하나다. 창조적 파괴가 일상화된 실리콘밸리에서 성공하기 위해서는 기존 비즈니스와 질서를 거부하는 이단 정신이 필수적이다.

쿠퍼티노에 소재한 애플 본사, 스티브 잡스가 살았던 팰로앨토 집과 그가 좋아했던 식당 등 실리콘밸리에는 잡스를 기리는 장소가 많다. 2011년에 사망한 잡스의 영혼을 만나고 싶다면 그가 묻힌 팰로앨토 남부 알타메사 기념 공원을 방문하는 것이 좋다. HP를 창업한 데이비드 패커드, 스탠퍼드 연구단지를 조성한 프레드릭스 터만, 트랜지스터를 발명한 윌리엄 쇼클리 등 실리콘밸리를 개척한 다른 영웅들도 한자리에서 만날 수 있다.

Palo Alto & Google

● 구글의 지역 기반 경영

격식 없고 자유분방한 지역 문화 흡수

구글은 격식 없고 자유로운 업무 환경을 통해 창의성 발휘를 강조하며 '일하면서 놀고, 놀면서 일한다'는 새로운 일 문화를 선도한다. 직원의 복지 증진을 위한 각종 편의 시설을 갖추어 업무 태도나 업무 시간을 강압적으로 제한하지 않는 근무 환경을 만들고, 아이디어 마켓을 통해 직원들의 신선한 아이디어를 수용한다. 혁신적인 시설과 시스템은 구글을 젊은 인재들이 가장 일하고 싶어 하는 꿈의 기업으로 만들었다.

실리콘밸리 문화를 대표하는 기업 전략 추진

'20퍼센트 80퍼센트' 프로젝트 모든 직원은 자신의 아이디어를 '아이디어 마켓'에 내놓을 수 있다. 그곳에서 많은 사람의 지지를 얻어 '20퍼센트 80퍼센트' 프로젝트에 등재되면 근무시간의 20퍼센트를 할애해 아이디어를 실현화하는 일을 할 수 있다. 구글은 이 중 사업성이 있는 프로젝트를 선택해 공식 사업으로 추진한다. 이러한 창의성 시스템을 통하여 직원에게 창의성을 십분 발휘하고 새로운 사업 아이템을 개발할 기회를 준다.

개방적인 인사 정책 구글은 이민자가 창업한 대표적인 다문화 기업이다. 창업자 래리 페이지와 세르게이 브린은 6세 때 러시아를 떠나 미국으로 이주했다. 이민자 전통이 강한 구글은 지금도 외국인 인재를 적극 영입한다.

기존 사고방식을 부정하는 이단 정신 수용 기존의 사고와 시스템에 대해 비판하고 새로운 도전을 통한 혁신을 추구하는 이단 정신이야말로 창업 문화의 핵심 가치다. 이단 정신과 대항문화는 실리콘밸리의 근간이며 구글 역시 이단 정신을 발휘해 구글 지도, 구글 안경, 구글 자동차 등 기존 시장을 개편하는 새로운 비즈니스 모델을 개발해 왔다.

● 팰로앨토의 도시 문화 정책

스탠퍼드 대학 중심의 혁신 에코시스템 조성

스탠퍼드 대학은 실리콘밸리 발전에 주도적인 역할을 해왔다. 스탠퍼드 대학의 프레드릭스 터만 교수는 1930년대부터 지역 인재가 외부로 유출되는 것을 방지하기 위해 지역 기업을 육성했다. 터만 교수의 구상과 리더십으로 시작된 실리콘밸리는 개척자답고 격식 없는 캘리포니아 문화와 자유로운 대학 문화가 융합되어 독특한 생산 문화를 구축했다.

자본가와 엔지니어가 공유하는 도시 문화

팰로앨토는 각기 다른 라이프스타일을 선호하는 자본가와 엔지니어가 모두 만족하는 도시다. 기후와 자연환경 등 팰로앨토를 매력적으로 만드는 요인은 많지만 자본가와 엔지니어가 팰로앨토로 모이는 큰 이유는 캘리포니아의 자유롭고 격식 없는 문화 때문이다. 첨단 기업을 성공시키기 위해서는 수많은 사람이 참여해야 한다. 한 사람의 창업자가 그렇게 많은 사람을 모으기 위해서는 서로 모르는 사람이 비즈니스 관계를 통해 협력하는 데 어려움이 없도록 '격식 없는 문화'가 반드시 필요하다. 팰로앨토는 캘리포니아의 영향을 받아 개방적이고 새로움을 추구하는 도시 문화를 가지고 있다.

여유로운 전원생활을 위한 도심 숲 프로젝트

고지에서 내려다본 팰로앨토는 하나의 숲처럼 보인다. 첨단산업의 중심지이지만 녹지와 가로수로 가득한 전원도시다. 시 정부는 '도심 숲 프로젝트'를 펼치는 등, 개발을 제한하고 자연을 보호하는 주택 정책으로 주민들의 여유로운 전원생활을 지원한다.

04

오스틴과 홀푸드마켓

★★★

히피 문화에서 시작한
자연식품 트렌드

친환경 자연식품의 대표 기업 홀푸드마켓

오스틴은 미국에서 '오지'라고 볼 수 있는 텍사스의 수도다. 지도에서 텍사스는 미국 중앙에 자리 잡고 있다. 대부분의 미국인이 사는 대서양과 태평양 연안에서 적어도 3000킬로미터 떨어진 완전한 '내륙'이다. 텍사스가 고립되어 있어서인지 미국 사람조차도 텍사스를 잘 이해하지 못하는 것 같다. 영화 〈폭로Disclosure〉에는 텍사스를 낯설어하는 미국인의 인식이 잘 드러난다. 주인공 톰 샌더스는 회사 동료 메리더스 존슨의 유혹에 넘어가 부적절한 관계를 맺는다. 샌더스가 존슨과의 지속적인 관계를 거부하자, 존슨은 앙심을 품고 그를 성추행범으로 고소한다. 회사는 궁지에 몰린 샌더스를 오스틴 지사로 전보 발령을 낸다. 여기서 이 소식을 들은 샌더스 아내의 반응이 흥미롭다. "오스틴……? 거기는 텍사스 아닌가요?" 시애틀과 같은 세련된 도시에서 살던 샌더스 아내는 텍사스에서의 삶을 상상할 수 없었던 것이다. 텍사스는 다른 지역 사람, 특히 엘리트들에게는 인기가 없다. 황량한 사막, 카우보이, 가난한 이민자, 거친 문화 등의 이미지가 그다지 매력적이지 않은 까닭이다. 그런데 과연 텍사스가 그런 곳일까?

텍사스는 뉴욕, 캘리포니아와 더불어 미국 정치와 경제, 그리고 문화를 주도하는 영향력이 큰 주 중 하나다. 캘리포니아와 텍사스는 미국 서부를 대표하는 도시로 항상 경쟁하는 사이이다. 캘리포니아가 민주당을 지지하는 블루 스테이트Blue State의 대표 주자라면, 텍사스는 공화당을 지지하는 레드 스테이트Red State를 이끈다. 경제 성장으로만 보면, 현재 텍사스가 캘리포니아와의 경쟁에서 앞서고 있다. 재정 위기와 과도한 규제로 저성장 늪에서 벗어나지 못하는 캘리포니아와 달리 텍사스는 지난 10년간 미국에서 가장 역동적이고 빠르게 경제 성장을 일구고 있다. 그렇다고 하더라도 미국 동부나 서부의 엘리트는 텍사스의 물질적인 성과에 크게 감동하지 않는다. 그들에게 텍사스 문화는 그저 1980년대 TV 드라마 〈댈러스Dallas〉의 등장인물 유잉Ewing 같은 졸부가 만들어낸 천박한 문화로 치부될 뿐이다. 그러나 고상한 미국인이 간과하는 사실이 하나 있다. 그들이 사랑하는 홀푸드마켓과 니만마커스Nieman Marcus 백화점의 고향이 텍사스라는 사실.

홀푸드마켓과 니만마커스는 미국에서 '수준 높은' 도시라면 반드시

오스틴 노스러마 거리의 홀푸드마켓 본점 내부

있어야 할 대표적인 '상류 라이프스타일' 상점이다. 홀푸드마켓은 오스
틴에서, 니만마커스는 댈러스에서 시작하고 성장했다. 두 기업의 본사는
아직도 자신이 태어난 도시에 있다.

오스틴 중심 거리인 6번가는 라이브 음악 바, 음식점, 부티크 상점이
즐비한 번화가다. 도심에서 6번가를 따라 서쪽으로 3.2킬로미터를 가면
노스러마North Lamar 거리와 만난다. 그 사거리 왼편에 주변 건물과 어울
리지 않는 큰 건물이 있다. 미국, 아니 전 세계의 자연식품 시장을 선도
하는 홀푸드마켓의 본사 건물이다.

홀푸드마켓은 현재 미국과 유럽에서 총 370여 개의 점포를 운영한
다. 2012년에는 110억 달러가 넘는 매출을 기록했고, 7만 4000여 명의
직원을 고용하고 있다. 앞으로 매장 개수는 1000개로 늘어날 예정이다.
회사의 기업 평판은 미국 최고 수준이다. 미국의 경제지《포춘Fortune》은

16년 연속 '일하기 좋은 100대 기업'의 순위에 홀푸드마켓을 꼽았다.

본사 건물 1층이 본점이다. 본점답게 매장의 규모는 약 743제곱미터로 상당했다. 오랜만에 다시 찾은 홀푸드마켓 본점은 예전과는 조금 달라져 있었다. 눈에 띄는 차이점은 와인 바, 맥주 바, 시푸드 스탠드 등 전에 볼 수 없던 수많은 스탠드였다. 내가 오스틴에 거주했던 1990년대 초반에는 커피와 제과류를 파는 카페만이 매장 내부에 존재하는 유일한 식당이었다.

이 본점은 바로 길 건너에 있었던 예전 본점을 옮긴 것이다. 1990년에 개장한 이전 본점은 타지의 관광객에게 자랑할 만큼 규모가 컸고 다양한 상품을 판매했다. 홀푸드마켓이 미국 전역으로 퍼지자 다른 도시에서도 오스틴 본점만큼, 아니 본점보다 더 크고 화려한 매장을 찾을 수 있다.

뉴욕 맨해튼에서도 홀푸드마켓은 뉴요커 문화의 중심으로 자리 잡았다. 맨해튼에서 제일 큰 식료품 가게도 바우어리스트리트에 있는 홀푸드마켓 매장이다. 타임워너 빌딩Time Warner Building은 부유한 어퍼웨스트사이드 지역의 콜럼버스서클에 자리 잡은 맨해튼의 대표적인 랜드마크다. 그 건물은 지하에 있는 홀푸드마켓에서 점심을 사서 길 건너 센트럴파크로 가는 수많은 뉴요커들로 항상 북적인다.

홀푸드마켓은 텍사스와는 정반대의 이미지를 가진 기업이다. 눈앞에 보이는 이윤보다 고객의 건강과 사회 환경을 우선시하는 기업으로 유명하다. 라이프스타일을 중시하는 소비자는 건강과 환경을 가격만큼 중요한 가치로 추구한다. 홀푸드마켓은, 건강과 환경을 최고의 가치로 생각하고 값이 조금 비싸더라도 더 만족스럽고 가치 있는 물건에 돈을 쓰고 싶어 하는 소비자가 만족할 만한 제품을 판매한다.

웰빙과 친환경은 홀푸드마켓의 성공을 제일 잘 설명할 수 있는 소비 트렌드이다. 웰빙에는 빠르게 바뀐 삶의 방식이 반영되어 있다. 세계적으로 선풍적인 인기를 끌고 있는 웰빙 트렌드를 식품 분야에 적용한 상품이 자연식품이다. 자연식품은 단순히 건강한 식품만을 뜻하지 않는다. 소비자로 하여금 환경보호에 동참한다는 자부심을 심어주는 상품이기도 하다. 웰빙의 가치를 인식하고 체험하고자 하는 욕구, 좀 더 비싼 가격을 지급할 경제적 능력이 있다는 과시 욕구, 환경보호에 일조하고 싶은 도덕적 욕구 등이 미국의 자연식품을 대표하는 기업으로 홀푸드마켓을 성장시켰다.

소비 트렌드만으로는 홀푸드마켓의 성공을 설명하기 어렵다. 1970년대부터 미국 전역에 등장한 그 많은 자연식품 판매점 중 이 회사가 선두에 설 수 있었던 이유는 무엇일까?

홀푸드마켓은 완벽한 식품, 완벽한 종업원, 완벽한 지구라는 신조답게 기본에 충실한 기업이다. 자연식품 판매 업체로서 항상 소비자의 건강을 우선시하고 자연식품 홍보에 앞장섰다. 최근 논란이 되고 있는 유전자 조작 농산물GMO 판매 문제에서도 홀푸드마켓은 친환경 노선을 선택했다. 2013년 3월 미국 정부가 유전자 조작 농산물을 이용한 식품 생산과 판매를 전면 허용하자 미국의 시민단체와 환경단체가 크게 반발했다. 다른 식품 판매점이 식품 회사의 압력으로 GMO 표기를 주저하는 사이, 홀푸드마켓은 2018년까지 모든 판매 상품에 자발적으로 유전자 조작 농산물 포함 여부를 표기하겠다고 발표했다.

GMO 표기에 대한 회사의 설명이 흥미롭다. 홀푸드마켓은 소비자가 특정 상품에 유전자 조작 농산물이 포함되지 않은 것을 알면 그 상품에 대한 소비가 15퍼센트 이상 늘어난다는 연구에 근거해, 유전자 조작 농산물 포함 식품을 원하지 않는 소비자의 요구에 부응하는 것이 오히려 비즈니스에 유리하다고 주장한다.[7]

그렇다. 홀푸드마켓이 성공한 요인은 간단하다. 진정성을 원하는 소비자의 욕구를 누구보다도 잘 충족시켰다. 소비자는 다른 가게는 몰라도 홀푸드마켓만은 정당한 방법으로 생산한 건강에 좋은 식품을 판매할 것이라고 믿는다. 회사가 상품의 진정성을 부각하는 방법도 이채롭다. 다양한 사회 공헌 활동도 기업 이미지 제고에 한몫하지만, 나는 홀푸드마켓 특유의 분위기도 무시할 수 없다고 생각한다. 매장의 온도, 쾌적함, 세련된 디자인, 감동적인 서비스를 통해 소비자가 이 회사 제품을 신뢰할 수밖에 없는 분위기를 자아낸다.

아직 홀푸드마켓에 대한 궁금증이 다 풀린 것은 아니다. 어떻게 자연 식품, 유기농 식품, 건강한 라이프스타일을 판매하는 홀푸드마켓이 기름진 바비큐와 텍스멕스(Tex-Mex, 텍사스 사람들의 입맛에 맞춘 멕시코 요리)를 즐기는 텍사스에서 싹을 틔우고 성공할 수 있었을까?

오스틴을 별나게 유지하자

홀푸드마켓이 첫 가게를 연 사우스오스틴 지역이 이 질문의 열쇠를 쥐고 있다. 홀푸드마켓은 1980년 히피족 2명이 사우스오스틴, 정확히는 사우스러마South Lamar 거리에 세운 1호점에서 시작했다. 사우스오스틴은 오스틴의 대표적인 히피 지역이다.

홀푸드마켓이 히피 지역에서 처음 개점한 것은 우연이 아니다. 히피 이전에도 미국에는 자연식품 운동이 있었지만, 본격적으로 탄력을 받은 계기는 1960년대 히피 문화의 시작이었다. 히피 문화는 1980년대 생태주의 운동과 최근의 로하스 운동LOHAS: Lifestyles Of Health And Sustainability 의 효시라고 할 수 있다. 히피족은 기존의 권위와 주류 문화를 거부하고 대안적 삶을 사는 사람이다. 친환경, 자연과 가까운 삶을 추구하는 히피족이 대기업이 만들어낸 상업적 인공식품을 좋아하지 않는 것은 당연한 일인지도 모른다.

히피족이 시작한 자연식품 운동은 1980년대에 나타난 소위 여피Yuppie로 불리는 전문직 직장인이 외모와 건강미를 중시하기 시작하면서 주류 문화로 흡수된다. 홀푸드마켓은 이러한 시장 변화를 적극 활용하여, 일부 히피족과 기호가만 찾던 자연식품 가게에서 미국 상류층 소비자의 문화 아이콘으로 발전했다.

오스틴은 콜로라도 강 북쪽의 주의회 의사당에서 시작하여 이를 중심으로 확장해 왔다. 의사당에서 남쪽으로 뻗은 대로가 콩그레스 거리다. 이 대로를 따라 남쪽으로 가면 콜로라도 강을 건너고, 그 강 건너에

사우스콩그레스 거리

는 오스틴 중심부와 사뭇 다른 분위기의 사우스오스틴이 있다. 사우스
오스틴 거리 양쪽에는 미국 도시 변두리에서 흔히 볼 수 있는 단층 상
점이 연이어 들어서 있다. 건물 사이사이에는 어떤 용도로 사용되는지
모를 공터도 자주 보인다. 건물 대부분은 비록 허름하지만, 온갖 색깔과
꽃 등의 무늬로 장식되어 있어 단조롭지 않다. 히피처럼 건물도 히피 옷
을 입고 있다. 기념품 가게, 부츠 가게, 채식 음식점, 식료품점, 타코바, 댄
스홀, 술집 등 업종도 다양하다. 히피 지역답게 곳곳에 히피 복장을 한
음악가가 거리에서 음악을 연주한다. 홀푸드마켓 1호점이 있었던 사우
스라마 거리는 이 사우스콩그레스 옆에 있는 거리다.

　오스틴의 히피 지역은 사우스오스틴 지역만이 아니다. 텍사스 오스
틴 대학 주변, 질커 공원, 이스트 6번가 등 오스틴 여러 곳에서 히피 지
역을 찾을 수 있다.

오스틴에 히피 지역이 많은 이유는 역사와 관련이 깊다. 오스틴은 주정부와 대학이 들어서면서 성장한 도시다. 그래서 오스틴에는 다른 지역 출신과 젊은 사람이 많다. 새로운 사람, 젊은 사람이 많다는 것은 다른 소도시와 달리 일부 귀족이나 가족이 오스틴을 지배할 수 없음을 의미한다. 문화적으로도 오스틴은 항상 진보적이고 격식 없는 곳이었다. 개방된 문화가 꽃핀 지역에 히피족 등 대안 문화를 추구하는 사람이 모이는 것은 놀랄 일이 아니다.

히피 문화는 세월이 지나면서 오스틴을 대표하는 문화가 되었다. 1960년대의 과격한 히피 문화도 독특한, 그리고 트렌디한 생활 문화로 진화함으로써 히피 문화에 대한 일반 시민의 거부감도 상대적으로 줄었다. 오히려 히피 지역에서 독특한 라이프스타일을 추구하며 활동하는 예술가와 음악가가 오스틴을 더욱 매력적으로 만든다. 이제 오스틴 사람도 오스틴의 색다른 문화를 자랑스러워 한다. 오스틴에서 흔히 볼 수 있는 슬로건은 "Keeping Austin Weird"로, 직역하면 오스틴을 별나게 유지하자는 뜻이다.

오스틴에서 히피 운동이 활발했다는 것은 오스틴이 그만큼 자유롭고 개성 있는 라이프스타일을 존중한다는 뜻이다. 2013년 오스틴을 '비즈니스하기에 가장 좋은 도시' 14위로 선정한 미국 경제 전문지《포브스Forbes》는 "1960년대 정신이 살아 있고 혁신과 창의성을 강조하며 자유분방한 정신을 장려하는" 도시로 소개했다.[8]

오스틴은 다른 텍사스 도시와 달리 신도시로 출발했고 지금도 새로운 산업과 사람을 모으는 신도시로 남아 있다. 대학생, 이민자, 전문직,

기술자 등 다양한 사람이 모이는 신도시의 문화는 구조적으로 개방적이고 자유롭다. 오스틴도 외부에서 온 이주자에게 개방적이어서 이민자가 쉽게 적응하고 정착할 수 있다.

텍사스의 포퓰리즘을 대변하는 윌리 넬슨의 컨트리 음악

오스틴은 텍사스 도시다. 텍사스의 다른 지역과 차별화된 점이 분명 있지만, 그렇다고 해도 텍사스 문화에서 완전히 벗어날 순 없다. 따라서 오스틴을 이해하려면 먼저 텍사스부터 이해해야 한다.

텍사스는 주州 내셔널리즘이 강하다. 외부인이 텍사스 사람을 싫어한다면 그 이유는 텍사스 사람의 자부심과 독립심이 너무 강하기 때문이다. 텍사스는 19세기 초반까지 멕시코에 속했던 지역이다. 1836년 미국에서 이주해 온 텍사스 주민은 멕시코 정부와 독립전쟁을 치르면서까지 독립 국가를 만들었다. 그 텍사스 공화국의 수도가 오스틴이었다. 그리고 10년 후 텍사스는 미합중국으로 편입하지만, 아직도 상당수의 텍사스 사람이 재독립을 주장할 만큼 텍사스의 독립심은 유별나다.

텍사스는 전통적으로 다른 지역에서 새로운 기회를 찾아 떠나온 사람들이 모이는 곳이다. 텍사스 영웅 중 한 명인 데이비드 크로켓(David Crockett, 미국의 전설적인 개척자이자 정치가)도 고향인 테네시를 버리고 텍사스로 이주했다. 이렇게 초기 텍사스에는 각양각색의 사람들이 모여들었고, 이 중 일부는 범죄자들도 있었다. 많은 사람이 텍사스를 범죄자와 도망자가 전횡하는 무법천지라고 생각했던 이유가 여기에 있다.

텍사스가 중요하게 여기는 또 하나의 전통은 포퓰리즘(Populism, 대중주의)이다. 텍사스 사람에게 마음의 고향은 '가족 농장Family Farm'이다. 그래서인지 텍사스에서는 농민과 사회적 약자를 지지하는 포퓰리즘이 강하다. 19세기 말과 20세기 초, 미국 전역에서 철도 회사 등 대기업의 횡포를 규탄하며 대기업 개혁을 요구하는 농민운동이 일어났는데 텍사스도 예외가 아니었다. 농민들은 자신을 스스로 포퓰리스트Populist라고 부르면서 정당까지 만들어 기존 정당을 위협했다.

포퓰리스트는 가족 농민의 이익을 대변하기 때문에 이념적으로 기존 권력 체계와 기득권 세력에 부정적이다. 히피족이 자연생활을 추구해서 상업적 식품을 거부한다면, 포퓰리스트는 가족 농민의 생존을 위해 식품 기업과 상업적 농장에 저항한다.

오스틴이 자랑하는 음악 산업도 독립심이 강한 텍사스 전통의 영향을 받아 다른 지역과는 독립된 스타일로 발전해 왔다. 오스틴은 미국에서 몇 안 되는 음악 중심지로 컨트리 음악을 중심으로 발전했다. 사람들은 세계 최대의 음악 축제인 SXSW를 개최하고 수많은 라이브 음악을 공연하는 바와 식당을 가진 오스틴을 '라이브 음악의 수도'라고 부른다.

오스틴과 텍사스 정신을 극명하게 대변하는 음악가는 윌리 넬슨William Hugh Nelson이다. 1974년 미국 공영방송 PBS가 매주 오스틴 음악을 소개하는 〈오스틴 시티 리미츠Austin City Limits〉를 방송하면서 오스틴 음악이 전국에 알려졌다. 〈오스틴 시티 리미츠〉는 오랫동안 텍사스 대학 캠퍼스에서 녹화되었으나 지금의 녹화장은 시내 중심에 새로 건설된

AUSTIN CITY LIMITS
The longest-running music series in American television history. ACL recorded its first program with Willie Nelson in October 1974 at KLRU-TV at the University of Texas. Showcasing roots music, legends and innovative popular music from every genre. ACL has become a music icon and helped build Austin's reputation as the "Live Music Capital of the World."

오스틴 중심지에 있는 윌리 넬슨 동상

무디스 극장Moody's Theater이다. 〈오스틴 시티 리미츠〉의 단골 가수가 넬슨이다. 극장 앞에는 2012년에 세워진 넬슨의 동상이 있다. 아직 살아있는 인물임에도 오스틴 곳곳에서 그를 기념하고 있다.

넬슨은 텍사스의 작은 도시 애보트Abbott에서 가난한 농부의 아들로 태어났다. 어린 시절 교회 음악을 통해 음악을 시작했고 평생 정직, 가족애, 소박함 등 농부의 가치를 노래하고 실천했다. 고등학교를 졸업할 무렵 그는 이미 텍사스 지역에 많은 팬을 가진 성공한 음악가였다. 텍사스 사람이 넬슨을 사랑하는 이유는 그가 너무나 텍사스답기 때문이다. 컨트리 음악의 중심지인 내슈빌을 과감히 버리고 오스틴에서 새로운 음악을 만든 넬슨을 존경한다. 넬슨은 전형적인 포퓰리스트다. 지금도 그는 가족 농장이나 농민을 보호하는 일이라면 만사를 제치고 나선다. 그는 음악적 친구들과 함께 가족 농민을 위한 '농장 후원 콘서트Farm Aids Concert'라는 자선공연을 25년째 계속해 오고 있다.

인간의 노력으로 일군 자연의 아름다움

오스틴은 미국에서 아주 살기 좋은 도시로 꼽힌다. 다양하고 개방적인 문화만큼 아름다운 자연과 레저 환경도 오스틴이 살기 좋은 도시의 하나로 꼽히는 이유이다. 텍사스를 떠올리면 으레 사막을 연상하는 사람은 오스틴의 아름다운 자연환경이란 말이 어색하게 들릴 수도 있다. 그러나 오스틴은 정말로 숲과 호수가 어우러진 아름다운 곳이다. 오스틴

도심에 있는 콜로라도 강을 가봐도 금방 알 수 있다. 도심을 남북으로 나누는 콜로라도 강 양쪽으로 공원이 조성되어 있고 조깅하는 사람, 가족과 레저를 즐기는 사람을 많이 볼 수 있다.

콜로라도 강 남서부에는 오스틴 시민이 자랑하는 아름다운 질커 공원이 있다. 질커 공원 안에 있는 자연 풀장인 바턴 스프링스 풀Barton Springs Pool은 오스틴에서 가장 유명한 관광 명소다. 항상 섭씨 19.4도를 유지하는 약 1200제곱미터의 큰 풀장은 자연이 오스틴 시민에게 준 선물이다.

오스틴은 또한 호수의 도시다. 도심과 제일 가까운 호수는 오스틴 호수다. 부촌은 모두 오스틴 호수 주변에 있다고 해도 과언이 아니다. 오스틴 호수 동쪽에서 가장 높은 언덕인 마운트보넬Mount Bonnell에 오르면 오스틴 호수와 주변 지역을 한눈에 내려다볼 수 있다. 오스틴 사람들이 무척이나 아끼는 장소다. 수많은 오스틴 젊은이가 마운트보넬에서 사랑하는 이에게 청혼한다.

마운트보넬에서 내려다본 오스틴 호수는 아름답다. 동시에 오스틴이 가진 엄청난 부를 보여준다. 오스틴 호수를 중심으로 아름다운 저택이 아기자기하게, 그리고 끊임없이 이어진다. 여기서는 오스틴 도심에서 느껴지는 텍사스 도시 특유의 공허함이나 허술함을 느낄 수 없다. 깨끗한 호수와 푸른 산이 어우러진 오스틴 호수에 서면 마치 유럽 도시의 호수에 있는 것 같다. 오스틴 호수는 댐을 통해 텍사스 최대의 담수호인 트래비스 호수로 연결된다. 트래비스 호수 주변도 오스틴 호수와 마찬가지로 오스틴과 텍사스 부자가 별장이나 저택을 짓고 사는 지역이다.

오스틴 호수와 트래비스 호수 모두 오스틴 도심 서쪽에 있다. 오스틴 서부 지역은 텍사스에서 가장 아름답다는 힐컨트리Hill Country가 시작하는 곳이다. 텍사스는 다양한 지형을 갖고 있는데, 중부의 힐컨트리에서만 나무가 빽빽한 아름다운 언덕과 산을 볼 수 있다. 힐컨트리는 19세기 유럽, 특히 독일에서 온 이민자가 많이 정착한 곳이다. 그 영향으로 오스틴과 주변 도시에는 프레드릭스버그Frederickburg와 같은 독일식 지명이 유난히 많다. 오스틴 시내의 유명한 독일 음식점인 슐츠가든Scholtz Garten은 독일 이민자 오구스트 슐츠가 1866년에 세운 맥주 가든이다. 그러나 힐컨트리의 역사는 겉모습과 달리 아름답지만은 않다. 그곳에 정착한 농민들은 오랫동안 가뭄, 홍수, 가난과 끊임없이 싸워야 했다. 오스틴의 척박한 자연은 주민의 각고의 노력과 열정으로 사람들에게 사랑받는 아름다운 모습으로 거듭났다.

마운트보넬에서 내려다본 오스틴 호수

가난한 생활환경을 극복하기 위한 노력

자연환경은 오스틴을 사람과 기업이 모이는 도시로 만들었지만, 오스틴에 처음 방문한 사람은 아름다운 호수가 사실은 인공 호수이고 도도하게 흐르는 강도 인위적으로 유지된다는 사실을 모를 것이다.

처음 힐컨트리에 정착한 유럽인들은 그곳에서 아주 비옥한 농토를 기대했다. 힐컨트리에는 산, 강, 그리고 나무가 있었기 때문이다. 그러나 얼마 지나지 않아 농부들은 힐컨트리의 자연이 가혹하다는 사실을 깨달았다. 나무는 있으나 땅밑은 암석층이었다. 농작물 경작에 중요한 표토층은 2.5센티미터에 불과했다. 오늘날 오스틴의 척박한 토양을 쉽게 확인하려면 오스틴 주변의 고속도로에 가면 된다. 산을 깎아 만든 고속도로의 절단면은 절벽이 되어 있고, 나무는 절벽 위에 남아 있으나 그 밑에는 흙이 거의 보이지 않는다. 오스틴 산은 말 그대로 돌산이다. 정착 초기에 농부들은 나무를 제거한 언덕에 간신히 농작물을 심어놓아도, 뿌리가 깊이 박히지 않아 퍼붓는 소나기가 농작물을 모두 휩쓸어가는 낭패를 겪어야 했다. 설상가상으로 힐컨트리의 강은 항상 범람했다. 수리 시설이 있음에도 지금 역시 콜로라도 강 부근은 홍수가 빈번하다. 홀푸드마켓 1호점도 1981년에 일어난 홍수 탓에 대다수 재고품을 잃은 경험이 있다. 이런 이유로 힐컨트리의 농부는 가난했다. 미국의 36대 대통령 린든 존슨Lyndon Johnson도 대다수 텍사스 남자들의 처지처럼 가난한 농부의 아들로 태어났다. 그가 태어난 곳은 오스틴에서 서쪽으로 약 72킬로미터 떨어진 존슨시티Johnson City이다. 힐컨트리의 다른 지역과 마찬가지로 존슨시티도 가난한 농촌 마을이었다.

혹독한 가난은 존슨과 힐컨트리 사람의 인생관에 지대한 영향을 미쳤다. 가난이 텍사스 포퓰리즘을 만들었고 텍사스 민주당을 만들었다. 텍사스 민주당의 지도자가 된 존슨은 평생 가난하고 약한 사람을 위한 정치를 했다. 1937년 처음으로 연방하원으로 당선된 존슨은 1949년까지는 하원의원으로, 그 후 1961년까지는 부통령이 되어 연방상원의원으로 텍사스 주민을 위해 봉사했다.

존슨의 발자취는 오스틴 여러 곳에 남아 있다. 그중 대표적인 기념물이 텍사스 오스틴 대학 동쪽 끝에 자리한 존슨 대통령 기념관과 도서관이다. 존슨 대통령은 베트남 전쟁을 조기에 종료시키지 못해 불명예스럽게 대통령직에서 물러났다. 그러나 지금 미국은 그를 다시 평가하고 있다. 존슨이 화려한 수사나 권위주의가 아닌 사람에 대한 진정한 애정으로 우리 시대가 필요한 대화, 협력, 통합의 리더십을 보인 지도자였기 때문이다.

오스틴이 열악한 자연환경을 길들이기 위한 사업을 시작한 때는 19세기 말이었다. 1893년 도심에 오스틴 댐을 건설해 현재의 오스틴 호수를 만들었다. 1940년대에 오스틴 시장이었던 탐 밀러Tom Miller는 당시 오스틴 출신 하원의원이었던 존슨 전 대통령과 함께 연방 정부의 지원을 받아 오스틴 댐을 보수하고, 강 상류에 맨스필드 댐을 새로 건설하여 트래비스 호수를 만들었다. 이 같은 대규모 토목 공사로 텍사스 정치인들은 대공황으로 발생한 실업자를 구제하고 힐컨트리 농민을 가뭄과 홍수에서 구했다.

이렇듯 현재 오스틴의 부자들이 사는 오스틴 호와 트래비스 호 지역,

텍사스 오스틴 대학 캠퍼스 안에 있는 린든 존슨 대통령 기념 도서관과 박물관

그리고 이들 호수가 만드는 생활환경의 기원은 1940년대 미국의 민주당이 가난한 농부를 위해 만든 댐에서 시작됐다. 아름다운 오스틴에서 볼 수 있는 자연의 백미는 역설적으로 인공의 산물이었다.

인공적 혁신 생태계

도시를 위한 인간의 노력은 호수 건설 이후에도 계속됐다. 오스틴은 미국에서 중요한 첨단산업 중심지 중 하나가 됐다. 지금도 많은 실리콘밸리 기업이 캘리포니아의 세금과 규제를 피해 오스틴으로 이전하고 있다. 이처럼 오스틴에는 벤처 기업이 모이는 한편 IBM, 모토로라, 삼성 등 다수의 세계적인 첨단기술 기업들도 사업장을 운영하고 있다. 델DELL 컴퓨터 등 오스틴에 본사를 둔 대기업도 상당하다. 오스틴이 첨단산업의 허브로 성장한 것은 우연이 아니다. 오스틴은 미국의 대표적인 주립대학, 독특한 문화, 그리고 다른 도시가 부러워하는 주거환경을 가진 도시다. 첨단기술 산업이 발전하기 전에도 오스틴은 항상 살기 좋은 도시였다.

모름지기 창조 도시라면 개방적인 문화와 더불어 인재를 유치하고 붙들어 놓을 주거 환경을 필수적으로 가져야 한다. 오스틴은 이 2가지 조건을 만족하는 도시다. 10만 명에 이르는 대학생은 항상 오스틴을 젊고 개방적인 도시로 유지한다. 인재들은 인공 호수가 자아내는 아름다움에 매료되어 오스틴에 남기를 원한다. 오스틴은 인재를 키우는 족족 다른 도시로 빼앗기는 평범한 도시와 다르다. 그러나 창조 도시도 결국 사람이 만든다. 한 도시가 첨단산업의 허브가 되기 위해서는 인적, 문화적 조건만으로 충분하지 않다. 객관적으로 유리한 조건을 활용하여 실제로 첨단기술 기업을 개발하고 유치하며 지원할 사람, 그리고 이들을 이끄는 리더가 필요하다.

오스틴의 성공을 평가할 때, 적극 투자를 유치하고 친기업적 환경을 조성한 오스틴 시 정부의 공로를 인정해야 한다. 오스틴은 미국에서 기업을 운영하기 좋은 도시 중 하나로 꼽힌다. 텍사스 주가 소득세를 부가하지 않아 기업가들은 소득세를 내지 않아도 된다. 반면 캘리포니아의 주 소득세는 최고 12.3퍼센트에 달한다. 기업가들이 상대적으로 규제가 적고 주택 가격이 싸며 고급 인력이 풍부한 오스틴의 비즈니스 환경을 캘리포니아보다 선호할 이유는 명확하다.

오스틴 첨단산업의 역사를 보면 민간 지도자들도 시 정부만큼 중요한 역할을 했다. 대표적인 예가 오랫동안 텍사스 대학에서 경영대학장으로 일한 조지 코즈메스키George Kozmetsky이다. 코즈메스키는 1960년대에 오스틴에 오기 전, 이미 LA에서 세계적인 테크놀로지 회사인 텔레다인Teledyne을 공동 창업한 유명한 창업가이다. 그는 텍사스 대학 경영대학장으로 20년 가까이 재임하면서 오스틴 첨단산업의 기본 골격을 설계해 산업 발전에 크게 기여했다. 코즈메스키는 오스틴에서 트래코어Tracore 등의 기업을 직접 설립해 수많은 벤처 기업의 창업을 지원했다. 오스틴에서 창업하여 세계적인 컴퓨터 회사가 된 델 컴퓨터도 그의 직접 투자와 지원으로 시작했다.

오스틴에 첨단산업을 체계적으로 지원하기 위한 전문 연구기관 IC2Innovation, Creativity, and Capital가 설립된 것도 코즈메스키의 공이다. IC2는 민간 기업을 지원했을 뿐만 아니라 1980년대 당시 미국 산업계에 생소했던 엠씨씨MCC, 세마테크Sematech 등 정부·민간 연구컨소시엄을 조직해 미국 산업의 경쟁력을 강화하기 위해 노력했다.

이렇게 세계적인 첨단산업 중심지로 성장한 오스틴을 배우기 위해 많은 도시 지도자와 도시 개발 전문가가 찾아온다. 나는 그들이 오스틴의 하드웨어뿐만 아니라 히피 문화, 개방적이고 자유로운 분위기, 독립정신, 평등주의, 엉뚱함을 장려하는 다양성 등 이 도시를 매력적으로 만드는 독특한 라이프스타일을 경험하길 바란다.

오스틴에서 배워야 할 중요한 교훈은 도시의 운명과 미래는 궁극적으로 도시 주민과 지도자에게 달렸다는 사실이다. 오스틴 성장 역사에서 외부 지원, 특히 중앙정부의 지원은 부수적이었다. 오스틴은 코즈메

오스틴 북서부에 있는 첨단산업 연구컨소시엄 IC2

스키와 같은 지역의 민간 지도자가 자신이 사는 도시의 미래를 성공적
으로 일구어낸 사례다. 오스틴의 혁신 생태계는 인공이 새로운 자연환
경을 만든 또 하나의 신비로운 체험이다.

Austin & Whole Foods Market

● 홀푸드마켓의 지역 기반 경영

오스틴의 웰빙과 친환경 문화에 기반을 둔 자연식품

홀푸드마켓은 웰빙과 친환경 제품을 선호하는 오스틴의 소비자 트렌드에 맞춰 시작한 기업이다. 다소 가격이 비싸더라도 친환경 제품만을 고집함으로써 소비자들에게 신뢰를 주고, 이 신뢰를 바탕으로 세계적 기업으로 성장했다. 홀푸드마켓이 구축한 신뢰성의 핵심 키워드는 '진정성'이다.

텍사스 개척 정신을 닮은 홀푸드마켓의 확장 전략

사회적 책임을 강조하고 계몽적인 라이프 스타일을 판매하는 기업 이미지와는 달리 시장 확장에 있어서는 거칠고 전투적인 텍사스 특유의 개척 정신을 발휘한다. 홀푸드마켓은 공격적인 경영과 인수합병으로 미국 시장을 석권하는 대기업이 됐다.

● 오스틴의 도시 문화 정책

지역 브랜드이자 경쟁력이 된 대중음악

라이브 음악의 수도로 자리 잡은 오스틴 미국 공영방송 PBS에서 매주 방영된 〈오스틴 시티 리미츠〉를 통해 오스틴 음악은 미국 전역으로 퍼져 나갔다. 오스틴은 스티브 레이 본, 윌리 넬슨 등의 음악가들을 기념하는 동상과 기념관을 건립함으로써 오스틴 음악이 지역 문화로 안착하는 토대를 확고히 했다.

SXSW 축제 1987년 인디음악 축제로 시작한 SXSW는 2000년대부터 영화와 인터랙티브 산업이 참여하는 국제적인 하이테크·엔터테인먼트 축제로 발전했다. 이를 통해 대중음악 중심지로 부상했으며 꾸준히 경쟁력을 키우고 있다.

도시 개성을 강조하는 문화 정책

텍사스의 진보주의 전통 거대한 암석층 위에 농사를 짓던 오스틴 주변 농민들은 혹독한 가난에 시달렸고 자연스럽게 텍사스 포퓰리즘의 지지층이 되었다. 가난하고 약한 사람을 대변하는 진보주의적 정치 이념은 텍사스에 깊게 뿌리를 내렸다.

전통적인 저항 문화 지역 보호 오스틴은 대학 문화와 특유의 진보적인 정치 문화로 오래전부터 저항 문화가 강하다. 오스틴의 저항 문화를 대표하는 것이 히피 문화다. 다양한 독립 상점들과 자유로운 예술가들이 넘쳐나는 사우스오스틴은 그 특유의 문화를 유지하고 발전시켜 나간다. 홀푸드마켓은 바로 이 지역에서 1호점을 세우고 세계를 선도하는 기업으로서의 첫 발을 내딛었다.

'오스틴을 엉뚱하게 유지하자' 캠페인 오스틴에 강하게 뿌리 내린 히피 문화는 특유의 개성과 자유로움으로 큰 매력을 가지고 있으며, 오스틴을 보다 색다르고 매력적인 도시로 만든다. 오스틴은 다양한 지역 문화를 자랑스럽게 여기고 이를 적극적으로 홍보해 지역 문화 정체성 확립과 경쟁력 수단으로 활용한다.

친기업 정책

실리콘밸리의 기업인은 캘리포니아의 세금과 규제를 피해 대거 오스틴으로 이전하고 있다. 텍사스는 주 소득세가 없고 기업 규제가 적은 대표적인 친기업 정책을 펴는 지역이다. 텍사스의 친기업 환경과 더불어 풍부한 인력 수준, 높은 삶의 질이 오스틴이 가진 도시 경쟁력이다.

텍사스 오스틴 대학과 협력하여 지역 혁신 시스템 IC2 구축

오스틴이 미국 하이테크 산업의 새로운 중심지로 떠오른 데에는 주 정부의 정책과 인프라도 중요한 역할을 했지만 대학과 민간 지도자의 역할이 중요했다. 텍사스 대학 경영대 학장이자 창업자인 코즈멘스키가 주 정부와 대학을 설득하여 정부·민간 연구컨소시엄인 IC2를 설립하여 지역 산업의 경쟁력을 높이고 오스틴을 하이테크 허브로 만드는 데 기여했다.

2

PART

자연과 함께하는 여유로움을 간직한

유럽의 도시들

⋮

ALMHULT

IKEA

MANCHESTER

Manchester United

VEVEY

Nestlé

TOULOUSE

Airbus

05

알름훌트와 이케아

★★★

가난한 농부의 실용주의로
우뚝 선 이케아

이케아의 가구만큼이나 단순한 알름훌트 본사

미국에서 대학원을 다닐 무렵, 나는 경제적으로 여유가 없었다. 곧 출산할 아내를 위해 당시 우리에겐 고급 가구 회사였던 에단앨런Ethan Allen에서 흔들의자를 사고, 거실에서 편하게 쓸 의자는 가까운 이케아 매장에서 구매했다. 당시 이케아는 미국에서도 막 매장을 열기 시작한 생소한 기업이었다. 예나 지금이나 이케아 가구는 집에서 조립해야 한다. 이 회사는 모든 가구를 플랫팩Flat Pack이라고 불리는 평평한 상자에 넣어 판다. 플랫팩 안에는 가구 부품과 조립에 필요한 연장이 들어 있다. 그 연장이 전설적인 앨런키Allen key이다. 앨런키로 의자를 조립하는 일은 쉽지 않았다. 거의 종일 걸렸던 것으로 기억한다. 대학원을 졸업한 후 여러 차례 이사할 때도 직접 만든 이 의자를 항상 가지고 다녔다. 조립한 지 20년이 넘은 두 의자는 지금도 하나는 안방에서, 또 하나는 연구실에서 편하게 쓰고 있다.

이제 이케아는 유럽과 미국인에게 맥도널드만큼이나 일상생활에 가깝게 자리를 잡았다. 2012년에는 360억 달러의 매출과 40억 달러의 순이익을 올린 세계적 기업이다. 아직까지는 이케아 생활권 밖에 있는 우리나라도 곧 변할 것이다. 2014년 한국에도 이케아 1호점이 개점할 예정이기 때문이다. 세계 저가 가구 시장을 석권한 이케아가 한국으로 진출한다는 소식을 들은 국내 가구 업계는 극도로 긴장하고 있다.

이케아의 매력을 경험한 나는 상대적으로 영세한 우리나라 가구 기업이 이케아와 경쟁할 수 있을지가 걱정된다. 혹자는 월마트, 까르푸 등 국내 시장에서 철수한 다국적 회사를 거론하며 국내 기업의 대응 능력을 믿을 수 있다고 주장한다. 이케아의 경쟁력이 단순히 실용적인 디자인, 합리적인 가격, 완벽한 품질 관리뿐이라면 국내 가구 산업이 이케아의 도전을 극복할 수 있을지도 모른다.

문제는 감성 경쟁력이다. 이케아는 저가 상품으로만 경쟁하는 회사가 아니다. 많은 사람이 명품처럼 아끼고 간직하는 가구를 판매하며 오늘날 새로운 소비 트렌드를 창조하는 몇 안 되는 기업 중 하나다. 과연 우리 기업이 세계적인 라이프스타일 기업으로 자리 잡은 이케아와 경쟁할 수 있을까?

이케아는 단순히 상품만 판매하지 않는다. 단순하고 검소하며 소비자가 직접 가구 제작에 참여하는 라이프스타일을 판다. 이케아의 디자인은 균형과 깔끔한 선을 강조한다. 기능주의는 이케아 디자이너가 최고로 치는 미학이다. 기능적으로 소비자 처지에서 치밀하게 계획된 실용적인 가구들은 장식적인 요소를 최대한 절제해 경제적이다. 또한 겨울이 긴 스칸디나비아의 계절적 영향으로 가정에서 오래 두고 사용해도 지루하지 않을 디자인을 추구한다.

디자인 철학에서 엿볼 수 있듯이, 검소함은 이케아가 강조하는 중요한 덕목이다. 이케아는 공개적으로 서민을 위한, 보통사람을 위한 기업이라고 홍보한다. 실제로 평범한 소비자도 이케아 가구 덕분에 집을 최신 패션에 따라 꾸밀 수 있다. 단순히 주거 용도의 공간이었던 서민들의 집은 문화 공간으로 새롭게 태어났다.

사람들은 가구로 집을 장식할 때 가치관, 스타일 등 자신을 표현할 기회를 잡는다. 그러나 이케아가 주는 체험은 집 장식에 그치지 않는다. 상품을 구매하는 과정 자체가 새로운 라이프스타일의 체험이다. 1.4 킬로미터에 달하는 매장은 상상할 수 있는 모든 생활용품이 진열되어 있다. 의자 하나를 사기 위해 매장에 가더라도 매장을 나올 때는 의자만 들고 나오지 않는다. 가기 전에는 필요하다고 생각하지 않았던 옷걸이, 액자, 아니면 주방용품 하나라도 추가로 구매한다. 이케아에서 직접 체험하며 즐기는 편리한 쇼핑의 재미에 빠지면 충동구매의 유혹을 이겨내기가 어렵다.

이케아 그룹에서 제일 중요한 회사는 모든 이케아 상표를 소유한 인터이케아그룹Inter IKEA Group이다. 이 회사의 본사는 현재 룩셈부르크에 있다. 세금 등 경제적인 이유로 룩셈부르크로 이전했지만, 실질적인 이케아 본사는 스웨덴 남부 도시 알름훌트에 있다. 알름훌트는 이케아가 1943년 처음 사업을 시작한 도시다.

많은 사람이 알름훌트 본사를 이케아의 심장이라고 부른다. 본사의 중요한 역할은 상품 개발이다. 매년 알름훌트의 디자이너와 경영진들은 전 세계 모든 매장에서 판매될 상품 라인업을 결정한다. 그뿐만이 아니다. 이케아가 판매하는 모든 상품을 개발해서 테스트하고, 선택된 제품을 소개하는 카탈로그를 만드는 곳도 알름훌트다.

나는 알름훌트 본사가 아주 화려하리라고 상상했다. 아무리 이케아가 저가 가구를 만들고 검소함을 강조한다지만 명색이 디자인 기업 아닌가? 디자인을 만드는 기업의 본사와 그곳에서 일하는 직원은 뉴욕 등지에서 접하는 미술관과 예술인에게서 풍기는 아우라가 느껴지리라고 기대했다.

초여름, 간이역 수준의 알름훌트 역에 도착했다. 목적지로 가기 위해 본사로 가는 버스가 있다는 역 반대편 쪽으로 걸어갔다. 공장, 창고, 사무실 건물이 들어선 이 지역에는 아무런 표지판이 없다. 지나가는 사람에게 길을 물었다. 알고 보니 내가 서 있는 곳이 바로 알름훌트 본사 단지였다. 단지는 매우 넓고 이케아 1호점 건물, 테스트 센터, 사진 스튜디오, 이케아 은행, 이케아 호텔 등이 자리 잡고 있다. 문어발처럼 확장한 기업이 여기에도 있구나 하는 생각이 들었다.

세계 곳곳에서 일하는 이케아 간부는 적어도 한 번은 알름훌트 본사를 방문해야 한다. 이케아 역사와 문화를 이해하는 데 알름훌트 본사

이케아 알름훌트 본사 입구

만 한 곳도 없다. 이케아 호텔은 알름훌트 본사를 방문하는 직원과 손님을 위해 만든 호텔이다. 미국의 중저가 호텔인 홀리데이인을 떠올리게 하는 아주 소박한 호텔이다.

　이케아의 성지라고 할 수 있는 이곳에 대해 세계적인 수준의 기업이나 가구 박물관을 기대하고 가면 실망할 것이다. 회사 호텔 지하층에 있는 박물관은 조그만 규모의 소박한 공간이다. 안내원도 없어 혼자 관람해야 하는, 정말 이케아만큼이나 실용적이고 검소한 박물관이다.

이케아 박물관과 알름훌트 이케아 매장

박물관에서 이케아의 역사에 알름훌트라는 도시적 배경이 미친 영향에 대한 정보를 찾고 싶었다. 창업자 잉바르 캄프라드Ingvar Kamprad는 1943년 17세의 나이로 우편을 통해 다양한 상품을 판매하는 이케아를 창업했다. 법적으로 사업할 수 없는 나이라서 이케아는 그의 삼촌 명의로 탄생했다. 소박한 시작만큼이나 이름도 단순하게 지어졌다. 스웨덴 남부 아군나리드Agunnaryd 마을에 있는 엘름타리드Elmtaryd 농장에서 자란 캄프라드는 자신의 머리글자 IK와 그가 자란 농장 이름, 그리고 마을 이름의 머리글자를 따서 이케아IKEA라는 이름을 지었다.

1951년 회사의 트레이드마크인 카탈로그를 만들고, 1953년에는 알름홀트 목공소에 가구 전시장을 열어 가구 사업을 본격적으로 시작했다. 플랫팩 가구는 1955년에 발명됐다. 직원 일리스 룬드그렌이 좁은 차 트렁크 안에 테이블을 넣기 위해 테이블 다리를 자른 아이디어가 지금의 플랫팩 가구를 탄생시켰다. 플랫팩 가구는 혁명적인 발상이었다. 이 가구는 운송이 편리해 다량의 가구를 싼 가격에 전 세계 판매장에 운송할 수 있다. 매장에서 구매한 플랫팩 가구를 소비자가 직접 집으로 가지고 갈 수 있으므로 배달 비용도 절약할 수 있다.

이케아가 지금 크기의 대규모 매장을 연 때는 1958년이다. 총 6700제곱미터 넓이의 1호점은 당시 스칸디나비아 지역에서 제일 큰 가구점이었다. 2년 후 이케아는 1호점에 이어, 이케아의 트레이드마크가 된 이케아 레스토랑을 오픈했다.

1960~1970년대 이케아는 포앙 암체어POANG Armchair, 빌리 책장Billy Bookcase, 클리판 소파Klippan Sofa, 렉테이블Lack Table 등 현재까지도 전설이 된 가구 라인을 연달아 출시했다. 1990년대 이후부터는 어린이용

가구 라인을 출시해 큰 인기를 끌었으며, PS^{Psot Scriptum} 컬렉션도 출시했다.

이케아는 기업 초기부터 세계 시장을 공략한 마케팅 전략을 썼다. 1963년 노르웨이를 시작으로 해외 시장에 진출해 현재 세계 43개 나라에서 347개의 매장을 운영하며 총 15만 명에 이르는 종업원을 고용했다. 이케아의 세계화 전략은 많은 기업의 본보기가 되었다.《파이낸셜타임스》는 이케아가 전 세계에서 고도로 표준화한 매장을 운영하고 있지만, 현지 고객 행동의 다양한 패턴을 고려해 현지 방식으로 문제를 해결한다고 평가했다. 그래서일까? 이케아는 많은 가구 기업이 실패한 중국 시장에서도 성공을 거두었다.

박물관을 떠나 이케아 매장을 찾아 나섰다. 이 매장은 원래 본사 단지에 있던 이케아 1호점이 새로 이전한 것이다. 이케아 매장은 알름훌트와 이케아의 관계에 대해 뭔가를 알려줄 것 같았다. 본사가 있으면서도 알름훌트에서 유일한 이케아 매장이라는 사실에도 흥미가 생겼다.

버스를 타고 간 이케아 매장은 도심에서 멀리 떨어져 있고 주변에 아무것도 없는 벌판에 있었다. 기념사진을 찍기 위해 건물 벽에 알름훌트 매장이라고 표시한 사인을 찾아보았지만, 결국 실패했다. 혹시 내부에 그런 사인이 있을지도 모른다는 생각이 들었다. 알름훌트 매장 내부에는 이 매장의 역사를 설명하는 전시장이나 포스터라도 있을 줄 알았다. 이케아 매장은 한 번 입장한 고객이 매장 내부를 모두 둘러보고 나오도록 설계된 것으로 유명하다. 알름훌트의 특징을 찾으려고 들어간 나 역시 결국 모든 매장을 둘러봐야 했다. 그러나 이케아 매장을 다 돌아봐도

알름훌트 이케아 매장 안내 지도

알름홀트와 관련된 정보를 제공하는 곳은 없었다. 알름홀트라는 단어가 있는 유일한 곳은 역으로 돌아갈 때 타야 하는 버스 시간표와 매장 안내 지도였다.

알름홀트 매장은 전 세계 어디에서나 볼 수 있는 규격화된 매장과 다르지 않았다. 매장 내부도 마찬가지였다. 이케아는 매정해 보일 만큼 매장 디자인과 서비스를 전 세계적으로 통일했다. 지역의 특색을 찾으려고 했던 나는 이케아가 유난히 원망스러웠다. 정말 스웨덴 사람들은 소문대로 기계 같구나! 이케아도 스웨덴 기업답게 아주 정확하고 획일적이다.

작고 포근한 도시 알름홀트

이케아 매장을 나오면서 이 도시와 사람에 대해 궁금해지기 시작했다. 알름홀트는 전형적인 기업 도시다. 2012년 총인구가 8000여 명에 불과한 알름홀트에서 이케아 직원으로 일하는 지역민은 4000명에 달한다. 이케아가 알름홀트 경제를 좌지우지한다고 해도 과언이 아니다.

이케아가 알름홀트와 같은 작은 도시에서 어떻게 성공할 수 있었을까? 캄프라드는 처음부터 자동차를 타고 매장에 오는 고객을 대상으로 사업을 시작했다. 이케아 매장은 소비자가 자신의 차를 직접 몰고 가는 곳이기 때문에 굳이 임대료가 비싼 인구 밀집 지역에 있을 필요가 없다. 도심과 떨어진 교외, 심지어 사람이 살지 않는 곳에서도 고객을 유치할 수 있다. 그런 이유가 작은 도시에서도 이케아가 성공할 수 있었던 요인이다. 알름훌트는 작은 도시지만 회사 성장의 발판이 된 곳이고, 지금도 전 세계 직원은 알름훌트를 메카와 같은 장소로 여긴다. 이케아가 알름훌트의 역사적 중요성을 직원들에게 끊임없이 교육하기 때문이다.

알름훌트도 다른 도시와 마찬가지로 도시 인프라, 교육, 라이프스타일로 고민하는 도시다. 알름훌트 근교에는 호수가 많아 스웨덴 사람들은 손쉽게 카누, 낚시 등 야외 활동을 즐긴다. 호수 근처에는 캠프장, 자전거 길, 산책로뿐만 아니라 도서관, 골프 코스, 다양한 스포츠 시설이 있어 가족들이 함께 여가를 즐기기에 매력적이다.

알름훌트의 매력은 이뿐만이 아니다. 작은 도시지만 교통이 매우 편리하다. 스웨덴이 자랑하는 국영철도를 통해 2시간 안에 말뫼, 코펜하겐과 같은 국제도시에 갈 수 있다. 나도 코펜하겐 공항에서 기차를 타고 편리하게 이동했다.

알름훌트 시 정부 홈페이지는 작은 도시의 포근함과 친절함을 매력적으로 홍보한다. 작은 도시에 대한 예찬을 듣다 보니 이케아 직원이 알름훌트 생활에 만족하는 것이 꽤 당연하게 느껴졌다. 작지만 여유 있고 편리한 생활을 즐기는 주민이라면 알름훌트는 제법 살기 좋은 도시일 것이다. 그러나 꼭 그렇지만도 않은 모양이다. 알름훌트에서 일하는 이케아 직원 4000명 중 절반인 2000명이 다른 도시에서 출퇴근한다. 아마 모르긴 몰라도 이케아 직원의 상당수, 특히 젊은 직원은 한 시간 거리에 있는 룬드 같은 대학 도시에서 통근하고 있을 것이다. 대학 도시인 룬드는 젊은이들이 많이 산다.

알름홀트 거리

아무리 이케아라도 회사와 지역에 대한 충성심 없이 작은 도시의 매력에만 호소한다면 스웨덴의 젊은이를 알름홀트 같은 소도시에 붙들어 놓지 못할 것이다. 그래서 이케아는 알름홀트 교육을 열심히 한다. 알름홀트의 중요성에 대해 이케아 홈페이지는 "많은 기업이 작은 도시를 떠나 대도시로 갔지만, 이케아는 남아 있었습니다. 알름홀트는 항상 그래 왔듯이 앞으로도 계속 이케아의 심장일 것입니다"라고 설명한다.[9]

이케아의 창업 정신을 상징하는 스몰란드의 낡은 돌담

창업자 캄프라드에게 어디 출신이냐고 묻는다면 그는 스몰란드 사람이라고 답할 것이다. 스몰란드는 알름홀트가 속한 스웨덴 지역의 이름이다. 우리가 영남, 호남, 충청으로 지역을 구분하듯이 스웨덴도 역사적 배경이 같은 몇 개 주를 한 지역으로 묶어 구분한다.

이케아 홍보 자료나 문헌에 따르면, 이케아 전설에서 가장 중요한 장소는 알름훌트가 아니고 스몰란드다. 이케아 공식 홈페이지에는 다음과 같은 문구가 있다. "이케아 문화는 구체적으로 표현하기는 어렵지만 쉽게 받아들일 수 있다. 그것은 우리의 뿌리 남부 스웨덴 지역에서 시작되고 창업자 잉바르 캄프라드가 모범적으로 실천한 열정, 단란함, 그리고 의지력의 문화입니다."[10]

스몰란드는 추위와 눈으로 자주 고립되고, 바람이 많이 불고, 숲이 많다. 즉 농사 짓기에는 아주 척박하다. 농부들은 이런 환경에서 가족의 생계를 위해 묵묵하고 열심히 일해야 했다. 겸손, 절약, 근면, 가족애는 스몰란드 농부의 생존에 절대적으로 필요한 미덕이었다.

이케아 박물관에서 본 '낡은 돌담' 사진 하나가 기억났다. 낡은 돌담은 스몰란드 정신을 기리는 매우 중요한 상징물이다. 이케아는 새로운 건물을 세우면 화려한 기념비보다는 스몰란드 들판에서 흔히 볼 수 있는 돌담을 건물 앞에 쌓는다. 바람이 많은 제주도의 돌담과 비슷하게 생긴 스몰란드 돌담은 불굴의 정신, 낙관주의, 육체노동 등 이케아 창업 정신을 기리는 상징이다.

이케아 창업 이념을 교육하기 위해 알름훌트에 세운 이케아 틸사망스IKEA Tillsammans 건물 앞에도 예외 없이 돌담이 쌓여 있다. 돌담에 붙은 조그만 팻말에는 "돌담은 이케아 문화에서 가장 중요한 상징이다. 이케아 틸사망스의 개정을 기념하기 위해 잉바르 캄프라드가 이 돌을

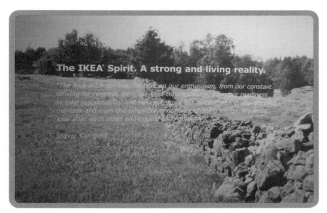

이케아 정신이 담긴 스몰란드 돌담 사진

2010년 8월 25일에 놓았다"라고 쓰여 있다.

　뤼디거 융블루트의 《이케아, 불편을 팔다》에서 스몰란드 정신에 대한 캄프라드의 생각을 찾을 수 있다. "이케아의 영혼은 항상 제자리에 있습니다. 스몰란드의 농부처럼 우리의 가치는 현실적입니다. 우리도 달콤한 수확을 위해 고된 현장에서 땀 흘려 일합니다."[11] 캄프라드는 특히 스몰란드 농부의 검소함과 단순한 생활을 강조한다. 이러한 검소한 생활 방식은 이케아 경영 방침에도 그대로 적용된다. 비효율적인 낭비 요소를 제거하기 위해 노력하는 이케아는 저비용 경영 구조를 지닌 기업으로 유명하다.

　스몰란드에 대한 캄프라드의 애정은 기업 이념에서 그치지 않는다. 값싸고 편리하며 기능적인 가구라는 콘셉트 자체가 스몰란드 가구 시장에서 유래했다. 농민들이 주 고객이었기에 캄프라드는 경제적, 시간적 여유가 없는 스몰란드 농가에 적합한 가구를 만들어야 했다.

기업 핵심 인력도 스몰란드 출신이 많다. 1980년대까지는 회사 경영 진 대부분이 스몰란드 출신으로 채워졌다. 캄프라드도 공개적으로 스몰란드 출신을 선호하는 것으로 유명하다. 그가 오랫동안 후계자로 키운 안데르스 모베리Anders C. Moberg도 스몰란드 출신이다.

스몰란드 정신은 캄프라드 개인 철학과 더불어 이케아의 기업 이념과 문화에서 상당 부분을 차지한다. 이케아가 세계적인 기업으로 성장한 지금, 앞으로도 이렇게 지역 연고에 의존하여 기업의 정체성을 계속 유지할 수 있을지는 미지수다. 캄프라드가 후계자로 지목했던 모베르도 1999년 결국 이케아를 떠나 경쟁사인 홈디포로 자리를 옮겼다.

이케아 틸사망스, 기업 기업가 정신을 실천하다

이케아는 유난히 지역 마케팅을 많이 하는 기업이다. 이케아가 창업한 도시 알름훌트, 그 도시가 속한 스몰란드 지역이 이케아 정체성에 중요한 부분을 차지하기 때문이다. 그렇다면 스웨덴에 대해서는 어떨까? 이케아는 스웨덴의 대표적인 기업이 아닌가? 예상대로 이케아는 스웨덴 역시 자신의 자산으로 인식한다. 이케아는 스웨덴을 다음과 같이 표현한다. "그림 같은 어촌에서부터 끝없이 이어진 숲까지, 스웨덴에서 자연은 일상에서 중요한 역할을 합니다. 동시에 스웨덴 사회는 개방적이고 혁신적이며 따뜻하고 진정성 있는 곳으로 알려졌습니다. 그렇습니다. 스웨덴은 뭔가가 다릅니다."[12]

이케아와 스웨덴의 공통점은 이케아 기업 문화와 전략 등 여러 요소에서 쉽게 발견할 수 있다. 이케아 가구 스타일부터가 스웨덴의 실용주의의 영향을 많이 받았다. 인구가 적고 자연환경이 척박한 스웨덴 농촌에서 집은 삶과 인간의 중심이다. 혹독한 자연환경 때문인지 스웨덴 사람은 밝고 친근한 느낌의 재료와 바른 모습을 좋아한다. 가구와 기타 주택 설비에서도 화려한 장식보다는 단순함과 편리함을 선호한다.

스웨덴과 이케아가 잘 맞지 않는 부분 또한 존재한다. 2008년 세계 금융위기 이후 우리나라를 포함한 많은 나라는 스웨덴을 새로운 경제 성장 모델로 부러워한다. 잘 알려진 대로 스웨덴은 평등을 강조하는 세계적인 사회복지 국가다. 이케아도 이런 스웨덴 사회의 정서를 인식해서 '민주주의 마케팅'을 특히 강조한다. 스스로 평범한 사람을 위해서 평범한 사람이 제조하는 기업이라고 홍보한다. 그러나 자세히 살펴보면, 이케아는 냉혹하게 이윤을 추구하고 혁신을 생활화한 대표적인 자본주의 기업이다. 복지국가인 스웨덴에서 이케아가 보여주는 철저한 기업가 정신을 어떻게 설명할 수 있을까?

스웨덴을 사회복지 모델 국가로 간주하는 사람은 스웨덴 자본주의의 단면만을 보았을 뿐이다. 스웨덴은 복지를 통해 개인을 지원하지만, 시장에서의 개인 간 경쟁에 개입하는 것은 최소한으로 금한다. 즉 세계 최고 수준의 복지 비용을 지출하는 동시에 세계 최고 수준의 경제 자유를 보장한다. 경제 자유도가 높은 스웨덴에서는 기업을 설립하기 쉽고 무역이 자유로우며, 재산권이 보장되고 고용시장이 유연하다.

스웨덴의 창업 시장도 활발하다. 새로운 기업이 끝없이 나타나 기존 기업과 경쟁을 벌이고 시장을 개척한다. 스웨덴은 기업가 정신이 아주 강한데, 그 이유 중 하나가 독특한 창업 교육 시스템이다. 스웨덴 창업 교육은 학생이 '흥미로운 것'을 시작하는 기회를 제공하는 것 자체가 목표다.

스웨덴 창업 교육 정신을 구현하는 대표적인 기관은 스톡홀름 기업가정신 대학이다. 스톡홀름 대학, 스톡홀름 상과대학, 카롤린스카연구소, 왕립 공과대학, 콘스트파 대학 등 5개 대학이 1999년에 설립됐다. 스톡홀름 기업가정신 대학 창업 교육 과정은 학부, 석사, 박사 과정으로 구성되어 있으며 학생들이 자발적으로 과목을 선택한다. 필수과목은 교과 과정에 포함되지 않는다. 또한 다른 대학의 프로그램과 달리 학제간 교육을 지향한다. 경영, 엔지니어링, 법, 디자인 등 다양한 전공의 학생이 창업 교육을 받는다. 스웨덴의 창업 교육은 중등학교 단계에서도 시행된다. 지역 리그를 거쳐 탑 리그에서 경쟁하는 창업 대회가 운영된다.

복지국가로 알려진 스웨덴이 창업 교육을 강조하는 이유는 기업가 정신을 성장과 복지의 다리로 인식하기 때문이다. 현재 집권 정당인 우파연합The Alliances은 중도보수 정당으로 기업가 정신을 화두로 정체성을 확립한다. 진보 정당인 노동당도 일자리, 혁신, 복지 슬로건을 내세우며 기업가 정신의 중요성을 강조한다. 노동당 역시 복지는 일자리 창출에서 이루어지고, 혁신적인 기업이 일자리를 만든다는 사실을 인정하는 것이다.

창업 교육을 지원하는 민간단체의 사례로는 1985년에 시작된 니포르타갈센트럼Nyforetagar Centrum을 주목할 필요가 있다. 단체 이름을 우리말로 풀면 '신新기업인센터'이다. 현재 약 175개 지역에 지부를 운영하고 5000명에 달하는 자원봉사자의 도움을 받는다. 센터는 지금까지 약 1만여 개 기업의 창업을 지원했다. 지원받은 기업의 3년 후 파산 비율은 1퍼센트에 불과하다. 또한 전체 창업 기업의 3년 후 파산 비율이 고작 3~4퍼센트인 것을 참작할 때, 교육·컨설팅 효과가 상당한 수준임을 알 수 있다.

알름홀트에도 기업가 정신을 교육하는 기관이 있다. 이케아 본사에서 직원을 대상으로 기업 문화를 교육하는 이케아 틸사망스이다. 이미 세계적인 기업으로 자리 잡은 이케아가 창업 교육을 한다는 말이 의아하게 들릴 수도 있다. 하지만 이케아의 모든 매장은 하나의 독립된 사업

이케아 창업 이념을 교육하는 이케아 틸사망스 건물

체다. 본사는 공식적으로 각 매장이 창업하는 자세로 영업에 임하기를 요구한다. 경영학에서는 기존 기업이 내부 창업을 장려하는 문화를 '기업 기업가 정신Corporate Entrepreneurship'이라고 부른다. 많은 경영학자가 이케아를 기업 기업가 정신이 성공적으로 정착한 대표적인 기업으로 평가한다. 이케아도 모국 스웨덴과 같이 평등주의와 기업가 정신의 조화를 실현한다.

시골 마을의 비밀

이곳저곳 돌아다니다 보니 곧 알름훌트를 떠날 시간이다. 역에서 바라본 알름훌트 도심은 전날 도착해서 본 아름답고 평화로운 시골 마을의 모습 그대로였다. 내가 방문한 도시 중 알름훌트만큼 라이프스타일을 정의하기 쉬운 곳은 없다. 이케아가 스스로 자신의 고향을 '가난한 농부의 실용주의'로 설명했듯, 알름훌트는 검소하고 단순하며 근면한 라이프스타일을 추구한다. 도시 문화와 기업의 관계도 알름훌트와 이케아만큼 명확한 곳을 찾기 어렵다. 알름훌트의 실용주의 문화가 이케아의 편리하고 간편한 가구를 만들었다고 주장할 수 있기 때문이다. 그러나 이케아와 알름훌트의 관계가 그것만이 전부는 아닐지도 모른다. 아름답고 평화로운 시골 마을에는 항상 비밀이 많다는데, 알름훌트도 비밀이 많은 곳 같다. 어쩌면 이케아 비밀을 폭로한 요한 스테네보Johan Stenebo의 책 때문일까? 스테네보는 이케아에서 20년 동안 재직했고, 그중 3년은 캄프라드 보좌관을 역임하다가 2009년에 회사를 떠났다.

스테네보는 이케아를 사교 집단으로 묘사했다. 교주는 캄프라드, 사교 집단의 핵심 세력은 스몰란드 출신 직원, 교회의 본부는 세상에 알려지지 않은 알름훌트. 이케아 직원은 모두 캄프라드를 잉바르라고 불러야 한다. 실수로 그를 캄프라드라고 부르면 권위적인 조직 문화는 이를 불경죄로 간주한다.[13]

스테네보는 이케아에 영향을 준 스몰란드와 알름훌트의 문화에 대해서도 가혹하게 평가한다. 캄프라드가 절약과 절제를 강조하는 스몰란드 문화를 자신의 부를 숨기고 직원의 임금을 억제하는 데 악용한다는 것이다. "창업자인 캄프라드도 저렇게 검소하고 평범하게 사는데 우리가 어떻게 그 이상을 기대할 수 있나?"라는 인식을 불어넣는 것이다. 스테네보에 따르면 본사를 알름훌트에 유지하는 의도도 순수하다고 보기 어렵다. 본사를 의도적으로 허름하게 만들고 유지함으로써 비용 절감 문화를 내재화한다는 것이다. 보통사람을 위한 기업을 지향하는 이케아에게 보통사람이 사는 알름훌트는 기업의 정체성을 유지하기에 아주 좋은 곳이다.

스테네보의 경고 중 하나는 확실하게 기억할 필요가 있다. 바로 이케아가 가진 구조적 한계다. 캄프라드는 복잡한 지배 구조를 통해 이케아를 가족 기업으로 유지하고 있다. 스테네보가 설명한 이케아의 지배 구조는 수많은 기업과 재단이 얽혀 있어 상상을 초월할 정도로 복잡하다. 지배 구조가 이렇게 복잡하다 보니 아무도 누가 이케아를 지배하고 소유하고 있는지 모른다. 캄프라드의 재산을 정확히 아는 사람도 없다. 스테네보는 이케아의 복잡한 지배 구조에서 분명한 것 하나는, 소비자가 이케아 상품에 지급하는 가격의 3퍼센트는 자동으로 캄프라드의 주머니로 들어가는 것이라고 한다.

스테네보의 비판을 모두 받아들여야 할지는 솔직히 모르겠다. 가지 많은 나무에 바람 잘 날 없다고, 이케아 같은 거대 기업이 아무런 비판을 받지 않는다면 오히려 그게 더 의심스러울 수 있다. 덧붙여 이케아나 캄프라드가 모든 사람이 비난할 만한 대형 범죄를 저지른 것도 아니다.

나는 알름홀트에서 보고 싶었던 기업과 도시 문화의 조화를 찾았고, 동시에 기업과 도시 문화의 접목이 항상 긍정적인 것만은 아님을 깨달았다. 그래도 나는 이케아의 친구로 알름홀트를 떠났다. 작은 도시의 기업으로서 자신의 독특한 지역 문화에 자부심을 품고 이를 기반으로 세계적인 기업으로 성장한 이케아를 계속 응원하고 싶다.

알름훌트 역

Almhult & IKEA

● 이케아의 지역 기반 경영

이케아의 모태가 된 실용주의 문화

농가에 적합한 저렴하고 편리한 가구 이케아는 화려한 디자인을 지양하고 실용적이며 저렴한 제품을 판매한다. 이케아의 근원지인 스몰란드는 예로부터 척박한 자연환경을 가졌다. 그 때문에 스몰란드 사람들은 근검절약을 최고의 미덕으로 여겼는데, 이는 자연스레 이케아 문화의 모태가 되었다. 이케아가 판매하는 것은 단순히 저렴한 가구가 아닌 '심플하고 검소한 라이프스타일'이다.

실용적인 매장 위치 및 구조 선정 실용주의적 가치를 추구하는 이케아는 사업 초기부터 '직접 자가용을 몰고 오는 고객'을 주요 소비층으로 정했다. 따라서 임대료가 저렴한 도시 외곽에 매장을 열어도 충분한 성과를 낼 수 있었다. 또한 끝까지 다 둘러봐야지만 나올 수 있게 설계된 매장 역시 이케아의 극대화된 실용주의를 보여주는 것이다. 제품 설계에서부터 매장 위치와 구조 선정에 이르기까지 이케아는 '실용주의'라는 가치 하나로 통일되어 있다.

지역 가치를 기업 가치로 이념화

검소함, 편리함, 단순함을 기업 이념으로 채택 스몰란드 농부들이 추구하는 검소함, 편리함, 단순함의 가치는 이케아의 기업 이념으로 그대로 채택되었고, 이는 이케아만의 특색이자 대표 이미지로 자리 잡았다. 이케아야말로 지역 라이프스타일와 기업 문화가 접목된 대표적인 기업이라고 할 수 있다.

기업의 지역적 배경을 적극 교육 알름훌트의 지역 문화와 이케아는 불가분의 관계로 묶여 있다. 따라서 이케아는 기업 고유의 정체성을 유지하는 방편으로 기업의 지역적 배경을 교육하는 일을 매우 중요하게 여긴다. 이케아는 본사 방문, 연수 그리고 내부 홍보를 통해 알름훌트와 스몰란드의 의미를 적극적으로 교육한다.

핵심 기업 활동이 이루어지는 알름훌트 본사

알름훌트는 이케아의 심장이다. 이케아의 경영에서 가장 중요한 작업인 상품 개발을 담당하는 곳이 알름훌트 본사이기 때문이다. 매년 알름훌트의 디자이너와 경영진이 전 세계 모든 매장에서 판매될 상품 라인업을 결정한다.

● 스웨덴의 지역 경제 정책

세계 최고의 경제 자유도 보장

알름훌트가 속한 나라 스웨덴은 익히 알려졌듯 세계 최고 수준의 복지 비용을 지출하는 사회복지 국가이다. 이케아는 냉혹하게 이윤을 추구하는 자본주의 기업인데, 어떻게 스웨덴의 알름훌트에서 탄생할 수 있었을까? 스웨덴은 사회적으로 기회의 평등을 강조하고 최상의 복지를 제공하는 한편, 시장에서 개인 간 경쟁에 개입하는 일은 최소화함으로써 세계 최고 수준의 경제 자유도를 보장한다. 경제 자유도가 높은 스웨덴에서는 기업을 설립하기 쉽고 재산권이 보장되며 고용시장이 유연하다.

독특한 창업 교육 시스템

스웨덴은 기업가 정신이 투철하고 창업 시장이 활발하여 새로운 기업이 끝없이 나타난다. 새 기업은 기존 기업과 경쟁을 벌여 새로운 시장을 개척한다. 이러한 현상의 기저에는 독특한 창업 교육 시스템이 있다. 스웨덴의 창업 교육은 학생이 '흥미로운 것'을 시작하는 기회를 제공하는 것을 목표로 삼는다. 대학에서는 경영, 엔지니어링, 법, 디자인 등 다양한 전공의 학생이 학제간 창업 교육을 받는다. 창업 교육은 중등학교 단계에서도 시행된다. 지역 리그를 거쳐 탑 리그에서 경쟁하는 창업 대회가 운영되고 있다. 복지국가로 알려진 스웨덴이 창업 교육을 강조하는 이유는 혁신적인 기업이 성장과 복지를 이어주는 다리라고 생각하기 때문이다.

06

맨체스터와 맨체스터 유나이티드

★★★

노동자들의 축구로 시작한 맨유,
세계를 열광시키다

● **올드트래퍼드에서 발견한 맨유 문화**

영국을 대표하는 기업은 대부분 영국 경제의 중심도시인 런던에 본사
가 있다. 영국 40대 기업 중 본사를 다른 지역에 둔 기업은 관광 크루즈
회사인 카니발뿐이다. 하지만 영국 최강의 명문 축구 클럽은 런던이 아
닌 맨체스터에 있다.

맨체스터 유나이티드 FC(이하 맨유)는 《포브스》가 해마다 선정하는
세계 최고의 스포츠구단 순위에서 1, 2위를 다툰다. 또한 2011~2012년
시즌에 3억 2000만 파운드(약 5400억 원)에 이르는 매출을 올렸다. 맨유
의 매출 반 이상은 광고 수입이다. 전 세계 6억 5000만 명의 팬을 확보

한 맨유는 미국계 보험 회사 에이온, 나이키, GM, 아우디 등을 비롯해 후원 기업만 36개에 이른다. 비록 퍼거슨 감독의 은퇴 이후에 주가가 하락하고 있으나 맨유의 가치와 지위는 쉽게 변하지 않는다.

맨유 축구의 성공 비밀은 무엇일까? 바로 맨유 비즈니스에 있다. 코치의 능력만으로는 맨유를 설명할 수 없다. 《맨유에게 배워라》의 저자 노현식, 이정선은 "맨유가 뛰어난 기량을 자랑하는 세계적인 스타들을 최고의 팀워크로 한데 묶는 밑바탕은 바로 합리적인 성과 평가 시스템과 그에 따른 보상에 있다"고 주장한다. 적극적으로 새로운 수익원을 찾고 합리적인 성과 시스템을 구축하며, 유소년팀 출신 선수를 발탁한 것이 맨유의 성공을 이끌었다.[14]

맨유가 홈경기를 하는 올드트래퍼드Old Trafford는 도심에서 택시로 10분이면 갈 수 있을 만큼 가깝다. 그래서 도시 문화의 구심점 역할을 한다. 맨체스터 시민에게 이곳은 단순한 축구 경기장이 아닌 문화 공간이자 테마파크다. 경기가 열리지 않는 날에도 올드트래퍼드가 제공하는 투어 프로그램에 참가하거나 경기장 동쪽에 자리한 메가스토어Mega Store를 찾는 방문객이 하루 만여 명에 이른다.

10세 이하의 어린이들이 일단 선호 팀을 정하면 평생 다른 팀을 지지하지 않기 때문에, 맨유는 어린이를 대상으로 한 마케팅에 많은 노력을 쏟는다. 어린이 전용 마스코트 '프레드 더 레드Fred the Red'를 만들고, 지역 내 초등학교에 '지역사회의 맨유 축구' 프로그램을 운영함으로써 어린이와의 만남과 교류를 늘리고 있다. 경기장의 일부 구역을 가족석으로 전환하여 어린이와 그 가족들이 맨유 축구를 통해 하나가 되도록 유도하기도 한다.

올드트래퍼드에 있는 맨유박물관에 잠시 들렀다. 1878년 창단 이래 137년의 구단 역사가 살아 숨 쉬는 공간이다. 맨유의 전신은 1878년 랭커셔와 요크셔 철도 노동자들이 만든 뉴턴 히스 FCNewton Heath Football Club이다. 뉴턴 히스는 1902년 맨체스터로 연고지를 옮기며 맨유로 이름을 바꿨고 이때부터 맨유의 성공 신화가 시작됐다.

맨유는 1905~1906년 시즌에 1부 리그로 진출, 1908년에 클럽 역사상 최초로 리그 우승을 차지했다. 1909년에는 처음으로 FA컵을 품에 안았다. 전설의 명문 구단을 이끈 이면에는 최고의 명 감독이 있었다. 1945년 리버풀 FCLiverpool Football Club에서 맨유로 이적한 맷 버즈비 Sir Matt Busby 감독은 맨유의 새로운 전성시대를 열었다. 부임 후 얼마 지나지 않은 1947~1949년 동안 3년 연속 리그 2위를 한 데 이어, 1948년에는 FA컵에서 우승했다. 1969년 은퇴 이전까지, 버즈비 감독 지휘의 맨유는 통산 리그 우승 5회, FA컵 우승 2회, 유럽축구연맹UEFA 챔피언스 리그 우승 1회 등 우수한 성적을 거두며 명문 축구 클럽으로 발돋움했다.

1968년 유럽축구연맹 챔피언스리그 우승은, 많은 맨유 선수의 생명을 앗아갔던 뮌헨 비행기 참사가 일어났던 1958년 이후 10년 만에 거둔 성과다. 맨유의 재기를 확실히 공표한 것이기에 더욱 의미 있다. 많은 전문가는 이 시절에 맨유가 성공할 수 있었던 이유를 선수 선발, 선수 이적, 훈련 방식 등 팀 운영 전반에 대한 버즈비 감독의 절대적인 권한 덕분이라고 설명한다. 버즈비 감독은 축구 클럽의 청소년 프로그램을 통해 육성한 선수, 일명 '버즈비의 아이들Busby Babes'을 중심으로 선수진을 구성한 것으로도 유명하다. 1956년 리그 우승팀의 평균 나이는 22세에 불과했다.

1969년 버즈비 감독의 퇴임 이후 맨유는 쇠락하기 시작하여 오랫동안 부진을 벗어나지 못했다. 심지어 1974년에는 2부 리그로 강등되는 굴욕마저 겪었던 맨유는 1986년 알렉스 퍼거슨Alexander Ferguson 감독의 취임으로 새로운 전성기를 맞았다. 영국 프리미어리그 출범 이후 21년 동안 무려 13회나 우승하며 정상을 지킨 것은 모두 퍼거슨 덕분이다. 영국 프리미어리그 체제 전인 풋볼리그 시절을 포함해 2013년 은퇴하기 전까지, 그는 26년의 재임 기간에 영국 프리미어리그 13회, 챔피언십리그 1회, FA컵 5회, 유럽축구연맹 챔피언스리그 2회, 국제축구연맹FIFA 월드컵 1회 등 기록적인 우승 기록을 세웠다. 1998~1999년에는 트레블(대륙별 축구협회 내에 국가별로 존재하는 프로축구리그에서 한 팀이 자국 정규리그, 자국 FA컵, 대륙 간 대항전 3종의 대회를 한 시즌에 모두 우승하는 것)을 이룬 공로로 기사 작위를 받기도 했다. 1990년대 중반에는 팬들의 반대를 무릅쓰고 기존 선수 대신 데이비드 베컴, 폴 스콜스, 게리 네빌 같은 유소년팀 선수들을 발탁했다. 알다시피 이들은 2000년대 맨유 전성기의 주축이 되었다.

올드트래퍼드 방문에서 맨유 문화 2가지를 배웠다. 첫 번째는 맨유 구성원이 하나로 뭉칠 수 있었던 비결인 역사 인식이다. 축구장 동쪽 스탠드에는 시계가 하나 걸려 있다. '1958년 2월 6일'과 '뮌헨'이라는 두 단어가 새겨진 시계는 3시 4분에 멈춰 있다. 맨유 역사상 가장 암울한 날이라고 불리는 뮌헨 참사가 일어난 날과 시간이다. 유러피언컵 준결승 행을 확정하고 귀국하던 맨유 선수단을 태운 비행기가 뮌헨에서 연료 공급을 받고 이륙하던 도중, 이륙에 실패하면서 공항의 경계벽과 충돌 했다. 선수 8명을 포함한 총 15명의 맨유 구단원이 사망했다. 뮌헨 참사 50주년 행사에서 맨유는 "우리들의 시계는 3시 4분에 멈춰 있다"라는 표현으로 죽은 자를 기억했다.

올드트래퍼드에서 알게 된 또 하나의 맨유 문화는 감독 영웅주의다. 올드트래퍼드 입구에는 맷 버즈비 감독과 퍼거슨 감독의 동상이 나란 히 놓여 있다. 맨유는 2011년 퍼거슨 감독의 감독 취임 25주년을 기념 해 올드트래퍼드 북쪽 스탠드의 이름을 '알렉스 퍼거슨 경 스탠드Sir Alex Ferguson Stand'로 변경했는데, 경기장 내부 스탠드에 이름을 올린 사람은 퍼거슨 감독이 유일하다. 방문객 투어 프로그램에도 퍼거슨은 빠지지 않는다. 경기 후 맨유 감독이 기자 회견을 하는 용도로 쓰는 방에 들어 가 보니, 거기에 퍼거슨 감독이 앉아 있었다. 나는 깜짝 놀라 그가 무슨 일로 스타디움에 왔는지 궁금해졌다. 그런데 알고 보니 내가 본 퍼거슨 은 소름 끼칠 정도로 실물과 똑같은, 마담투소박물관(세계적으로 유명한 밀랍인형 박물관)에서나 볼 법한 퍼거슨 '인형'이었다.

맨유는 왜 수많은 축구 스타를 제쳐놓고 감독을 영웅시하는 걸까? 우리나라는 정반대다. 우리는 감독보다 선수를 더 영웅으로 여긴다. 히 딩크 감독이 유일한 예외인 것 같다. 히딩크 말고 존경받는 감독이 누구 인지 머리에 떠오르지 않는다. 나아가서 우리나라에서 존경받는 지도 자는 누가 있는가 하는 의문도 들었다. 어쩐지 씁쓸했다. 우리나라의 모

올드트래퍼드의 퍼거슨 스탠드

든 지도자는 존경받지 못한다는 점에서 축구 감독의 처지와 크게 다르지 않다. 우리는 유난히 지도자, 특히 살아 있는 지도자를 존경하는 일에 인색하다.

감독 우상화는 맨유의 경영 문화와 밀접한 관련이 있다. 잘하는 선수를 확실하게 중용하는 맨유가 능력 있는 감독을 영웅 대우로 보답하는 것은 당연한 일일지도 모른다. 그래도 의문이 남았다. 감독 우상화는 영국의 합리적인 사회에서 기인한 걸까, 아니면 뿌리 깊은 신분 사회에서 기인한 걸까? 평등주의 정서가 강한 한국 사회에서는 감독을 귀족으로 인정하고 존중하는 모습을 상상하기 어렵다. 아무리 능력이 뛰어난 사람도 결점은 있는 법이다. 조그만 결점으로도 상대를 깎아내리고 무시하는 분위기에서 벗어나, 객관적인 성과를 이룬 사람은 그 성과만으로 존경받는 사회 분위기가 형성되기를 기대해본다.

노동자 도시의 노동자 축구팀

맨유는 맨체스터 시민에게 자긍심을 심어주고 지역 경제의 구심점 역할을 한다. 맨유가 고용한 상근직 인력은 500여 명에 불과하지만 경기가 있는 날이면 3000명을 추가로 고용한다. 무엇보다도 맨유는 맨체스터의 국제적인 이미지와 브랜드 가치를 높여 관광 산업 발전에 기여한다. 홈구장, 훈련장, 유소년 축구 시설을 지역민에게 개방하고 지역의 체육 발전을 위해 맨체스터 청소년을 유소년 축구단에 적극 기용한다.

맨유가 맨체스터에 기여하는 만큼 맨체스터도 맨유 발전에 기여한다. 맨체스터와 맨유는 서로 분리할 수 없을 만큼 서로에게 중요한 존재다. 맨유 정신의 뿌리인 맨체스터는 산업혁명을 시작하고 이끈 노동자의 도시이자 산업의 도시이다. 노동자 문화가 맨체스터 정신을 정의한다. 공산주의 사상이 탄생한 곳도 맨체스터다. 카를 마르크스Karl Heinrich Marx는 오랫동안 맨체스터에서 활동했으며, 《공산당 선언》을 함께 작성한 프리드리히 엥겔스Friedrich Engels를 처음 만난 곳도 맨체스터에 있는 체담도서관이었다.

노동자 문화는 고난과 싸워 이긴 노동자의 용기와 의지를 높이 평가한다. 노동자는 산업혁명 과정에서 큰 희생을 감수했다. 니코스 카잔차키스Nikos Kazantzakis는 《영국 기행》의 맨체스터 편에서 맨체스터 노동자를 이렇게 표현했다. "우리는 산업 문명의 얼굴을 본다. 그것은 인간적인 부드러움과 애정이 사라진 험상궂고 무자비하고 비정한 얼굴이다. 몰풍경한 거리를 바쁘게 오가는 무수한 사람을 바라보며 나는 깊은 고뇌에

휩싸였다. 내가 지금 끔찍한 꿈을 꾸고 있는 건가? 아니, 인류가 단체로 악몽을 꾸면서 파멸해가고 있는 건가? 저들은 왜 저리도 서두르나? 사람들의 삶이 왜 이런 비인간화의 과정으로 가고 있는 것인가?"[15]

맨체스터의 노동자 의식은 철도 노동운동을 통해 더욱 공고해졌다. 1830년 리버풀과 맨체스터 간 철도가 개통되면서 맨체스터는 영국 철도 산업의 중심지로 발전했다. 기근을 피해 영국으로 이주한 아일랜드 노동자들이 주로 철도 건설에 동원됐다. 혹독한 노동 환경 때문에 일반 영국 노동자들은 철도 공사장에서 일하지 않으려고 했다. 가난하고 갈 곳이 없었던 아일랜드 노동자들은 철도 공사장을 마다할 처지가 아니었다.

철도 노동자의 축구팀으로 시작한 구단이 맨유다. 역사적으로 보면 축구 자체가 노동자 스포츠로 시작됐다. 영국 축구 리그를 만든 12개 창립 클럽 중 5개 클럽이 공업 도시에서 시작했다. 지금도 영국 상류층은 축구보다 크리켓과 럭비를 선호한다.

맨체스터는 아직도 노동자 정서가 강한 도시이다. 도시 주민의 36퍼센트가 의료, 복지, 요식업 등 서비스 산업에 종사하는 노동자로, 다른 도시에 비해 노동자가 많다. 영국 서비스 산업 노동자 비율이 평균 19퍼센트인 것을 보면 확실히 맨체스터의 노동자 비율은 높은 편이다. 저소득 제조업 노동자 비중은 20퍼센트로서, 역시 전국 평균인 15퍼센트를 상회한다.

노동자 문화는 폭발적이고 열정적인 맨유 팬 문화를 만들었다. 한때 유럽 최대 규모였던 맨유의 훌리건은 악명이 높았는데, 그 때문에 올드트래퍼드에는 영국 내 어떤 훌리건도 감히 원정을 가지 못했다. 맨유가 2부 리그로 강등당했던 1974년에 훌리건의 난동이 정점에 달했다. 맨유만큼이나 악명 높았던 2부 리그의 밀월 FC 훌리건들이 홈경기에 원정을 왔다가 맨체스터 역도 벗어나지 못한 채 되돌아간 일화는 축구 팬들 사이에서 유명하다. 영국 정부의 지속적인 훌리건 퇴출 노력과 더불어 1990년대에 급격하게 축구의 상업화가 이뤄지면서, 이제 영국의 훌리건 문제도 옛말이 되어가고 있다. 티켓값이 폭등해 훌리건의 주범이었던 노동자 계층의 자리를 중상층이 대체했기 때문이다.

시내에서 노동자 주거 지역은 도시 개발과 함께 많이 사라졌다. 노동자 전통이 강한 맨체스터의 시 정부는 영국 사회사와 노동운동의 기록을 전시한 인민역사박물관People's History Museum을 설립했다. 박물관은 영국 민주주의 역사 교육을 위해 지어졌으며, 노동운동뿐만 아니라 페

맨체스터의 인민역사박물관

미니즘운동 등 다른 대중 운동의 역사도 자세히 기록되어 있다. 또한 영국 노동자의 투쟁 역사도 엿볼 수 있다. 영국 노동자들은 참정권과 노동자의 권리를 쟁취함으로써 영국 민주주의를 발전시켰다. 맨체스터는 1819년 대표적인 노동운동인 피털루Peterloo 사건이 일어난 곳으로도 유명하다. 노동자 5만여 명이 맨체스터 공업 지역을 대표할 사람을 자체적으로 뽑아 의회로 보내겠다며 도심 부근 성 피터 광장에 모이자, 정부가 이 모임을 과격하게 해산시켰다. 노동자와 경찰의 충돌을 워털루 전투에 빗대어 피털루라는 이름이 붙었다. 영국 정부는 노동자 집회와 출판 등을 제한하는 '결사 금지법'을 제정해 노동운동 주모자들을 탄압했다. 이 사건을 계기로 사회주의자인 로버트 오언Robert Owen을 중심으로 한 노동조합 운동이 맨체스터를 시작으로 영국 전체에 급격히 확산되었다.

맨체스터 대중문화의 중심지, 노던쿼터

맨체스터는 대중음악으로도 유명하다. 대중음악의 전성시대는 1980년대 후반이었다. 스톤 로지스, 해피 먼데이즈, 808 스테이트 등 클럽 하시엔다The Hacienda를 중심으로 활동하던 지역 밴드들이 세계적인 스타로 발돋움하면서 맨체스터 음악은 전 세계로 알려지기 시작했다. 당시 맨체스터 음악의 인기는 광적이었다. 이 음악을 듣기 위해 수많은 영국 젊은이가 맨체스터를 찾았다. 일부는 아예 맨체스터에 살기 위해 맨체스터 대학으로 진학하거나 전학할 정도였다. 언론은 맨체스터에 몰린 젊은이들이 만든 음악, 패션, 심지어 약물 등 새로운 문화 트렌드를 '열광하는(매드) 맨체스터'라는 의미를 담아 '매드체스터 Madchester'라고 불렀다.

매드체스터 시대 이전에도 맨체스터는 음악의 중심지였다. 1970년대 후반에는 조이 디비전, 어 서튼 레이시오, 버즈콕스, 매거진, 더 폴 등의 맨체스터 펑크 밴드가 유명했고, 매드체스터 시대의 바로 직전인 1980년대 중반에는 뉴 오더, 더 스미스, 제임스 등 탈펑크 Post-punk 밴드들이 많은 주목을 받았다. 현재도 돌픽, 에브리싱 에브리싱 등 지역 출신의 밴드들이 인기를 누리고 있다.

맨체스터 밴드는 전통적으로 반항아 성향이 강하다. 대부분 노동자 가정에서 가난하게 자란 음악가들은 기성 사회와 위계질서에 대한 분노를 음악으로 표출했다. 분노가 담긴 가사를 짤막한 리듬에 실어 간단한 악기로 빠르고 거칠게 부르는 것이 맨체스터 펑크 밴드 스타일이다.

2000년대부터 맨체스터가 기업 도시로 변신하면서 지역 음악의 성격도 바뀌고 있다. 정치성과 친노동자 성향이 과거보다 약해지고 있다. 일부에선 노동자 계층 출신의 음악가가 줄어감에 따라 맨체스터 음악의 급진성과 창의성도 사라지리라고 우려한다. 분노가 없는 음악가는 창의적인 음악을 만들지 못하는 걸까?

현재는 노던쿼터 Northern Quarter가 대중음악의 중심이다. 도심 개발로 클럽들이 문을 닫자 밴드와 팬들이 노던쿼터의 클럽으로 옮겨갔다. 이제는 박물관에 보관된 하시엔다 클럽의 대문처럼, 장소를 옮겨갔어도 맨체스터 음악의 뿌리만은 잊히지 않길 바랄 뿐이다.

노던쿼터

노던쿼터는 단지 음악으로만 유명한 지역은 아니다. 맨체스터의 대표
적인 보헤미안 지역이다. 음악가뿐만 아니라 예술가, 작가 등 리처드 플
로리다(Richard Florida, 창조 도시 이론가)가 창조 계급으로 부르는 사람들
이 모여 산다. 보헤미안 지역답게 독특한 카페, 식당, 레코드 가게, 독립
상점 등을 많이 찾아볼 수 있다.

맨체스터의 도시 브랜드, 독창적 근대

맨체스터는 영국 최초의 산업 도시로서 오랫동안 노동당을 지지한 진
보적인 도시였으나, 1990년대 이후 적극적인 친기업 정책을 펼침으로써
새로운 도시 분위기를 형성했다. 새로운 맨체스터는 중심부의 재개발로

시작됐다. 1996년 북아일랜드의 독립을 지지하는 무장단체 IRA가 맨체스터 중심부인 카테드럴Cathedral 거리에 무려 1400킬로그램이 넘는 대형 폭탄을 터트린 테러 사건이 발생했다. 다행히 이 사고로 죽은 사람은 없었지만, 폭발 현장 주변의 건물들이 큰 피해를 보았다. 보수할 수 없을 정도로 파괴된 몇 개의 건물은 철거됐다.

폭탄 피해로부터 도심을 재건하기 위해 시 정부는 11억 파운드(약 1조 9230억 원)의 예산을 투입해 도시 중심의 모습을 바꿨다. 건물주가 개별적으로 건물을 보수하는 것보다는 시 정부가 중심이 되어 새로운 도시 개발 사업을 추진하는 모델을 선택했다. 재개발을 통해 도심의 거주 환경이 개선되자 부동산 개발 기업들은 경쟁적으로 고급 아파트를 짓기 시작했다. IRA 폭탄이 폭발한 자리에는 고급 백화점 하비니콜스가 들어섰다.

스포츠 마케팅도 맨체스터 부활에 크게 기여했다. 이스트맨체스터는 스포츠 마케팅 덕분에 새롭게 변신한 지역이다. 시 정부는 이스트맨체스터 개발 전략으로 2002년 영연방경기대회Commonwealth Games 유치를 추진했다. 올림픽을 계기로 국내외 자본을 도입하여 대규모 도시 재개발을 이끌어낸 스페인 바르셀로나가 맨체스터의 모델이었다. 이 대회를 준비하는 과정에서 많은 체육 시설과 문화 인프라가 생겼고, 2002년 7월 이스트맨체스터의 밀레니엄스타디움에서 영연방경기대회의 개막식이 열렸다. 밀레니엄스타디움은 현재 맨체스터시티 축구단의 홈구장으로 사용되고 있다.

맨체스터는 역사에서 창안한 도시 브랜드를 새로운 비즈니스 개발과 도시 발전 전략으로 적극 활용한다. 공식 도시 브랜드는 '독창적 근대 Original Modern'로서, 최초의 산업 도시였던 맨체스터의 역사를 강조한다. 면직과 섬유 산업의 도시였던 맨체스터는 19세기 이후에 사회 개혁과 정치로 노동자 권리와 복지에 힘씀으로써 산업 도시를 정의했다. 현재는 면직 도시의 전통을 살리는 한편 '독창적 근대'라는 슬로건 아래 새로운 문화, 지식, 비즈니스, 환경, 네트워크를 개발하기 위해 노력한다.

독창적 근대를 창안한 피터 새빌Peter Saville은 이렇게 설명한다. "나는 맨체스터 브랜드가 역사를 기초로 세워져야 한다고 느꼈다. 도시 역사의 핵심은 맨체스터가 최초의 산업 도시라는 사실이 나의 '독창적 근대' 테마의 기초가 되었다. 나는 그저 맨체스터가 첫 산업 도시라는 사실을 '독창적 근대'라는 단어로 재해석했을 뿐이다."[16]

독창적 근대는 다른 도시와 차별화된 맨체스터의 정체성을 잘 표현한다. 독창적 근대에 함축된 맨체스터 정신은 진보와 변화를 추구하는 끊임없는 에너지, 뭔가를 해야 한다는 행동 철학, 다른 곳과는 달라야 한다는 독립심이다. 시 정부는 슬로건에 걸맞게 모든 사업을 독창적이고 근대적으로 추진하기 위해 노력한다.

독창적 근대 개념을 상징하는 분야는 문화다. 많은 전문가가 맨체스터를 문화 중심의 도시 재생에 성공한 사례로 여긴다. 맨체스터는 많은 행사와 축제를 주최하는데 그중 주목할 만한 행사는 '인터내셔널 페스티벌'이다. 페스티벌을 통해 도시의 문화 프로필이 전 세계로 알려지면서 맨체스터는 문화와 혁신 분야에서 중심적인 역할을 했다. 인터내셔널 페스티벌은 미술, 음악, 영상 문화, 대중문화, 토론 대회, 요리 등 광범 위한 문화 행사를 진행한다. 섬유와 벽지의 역사를 전시한 휘트워스아트갤러리Whitworth Art Gallery, 그리고 존레이랜즈도서관John Raylands Library도 도시 문화유산을 체험할 수 있는 중요한 장소다.

인터내셔널 페스티벌의 성공에 힘입어 시 정부는 약 1100개의 미디어 관련 기업을 유치하는 '미디어 시'를 건설한다. 이 사업이 성공하면 맨체스터는 디지털 분야의 세계적 기업을 위한 중요한 미디어 허브로 도약할 뿐만 아니라 영국의 창조 산업의 국제 경쟁력도 높일 것이다. 창조, 디지털, 뉴미디어 산업은 이미 맨체스터 경제의 5.5퍼센트를 차지하는 주요 산업이고 앞으로도 계속 성장할 것이다.

맨체스터의 스포츠 산업도 독창적 근대 산업이다. 시 정부는 2002년 영연방경기 등 6개 국제 스포츠 대회를 유치한 경험이 있다. 또한 앞으로 더 많은 국제 대회를 유치하기 위해 4억 파운드(약 700억 원)에 달하는 예산을 지역의 문화 인프라를 개선하는 데 투자했다.

지금까지 내가 방문한 도시 중 맨체스터만큼 도시 브랜드에 과감하게 투자한 도시는 찾기 어려웠다. 이 도시는 브랜드 사업을 시작한 후 어떤 이득을 얻었을까? 관광 산업에서 제일 큰 성과를 거두었다. 맨체스터는 2007년 이후 마케팅맨체스터Marketing Manchester와 비짓맨체스터Visit Manchester 등을 조직해 도시 브랜드를 내세운 관광 산업 활성화를 꾀했다. 그 결과 도시를 찾는 국내외 관광객 수는 2008년 4430만 명에서 2013년 5360만 명으로 크게 늘었다. 관광객 증가율로만 보면 도시 브랜드 사업은 성공했다고 말할 수 있다.

맨체스터의 독창적 근대를 체험하는 여정은 대표적인 산업 시대의

왕립 거래소 극장

유산인 왕립 거래소 극장에서Royal Exchange Theater 시작해야 한다. 맨체스터가 면직 산업의 중심지였기 때문에 면을 거래하는 거래소도 여기에서 처음 개장했다. 왕립 거래소 극장 바로 맞은편에는 IRA 폭탄 테러 장소에 건설된 하비니콜스 백화점이 있다. 산업 시대의 중심지였던 왕립 거래소 극장이 21세기에는 맨체스터 부흥의 중심지가 된 것이다.

맨체스터 도시 정체성의 실제

1993년 맨체스터를 처음 방문했다. 그때 맨체스터는 어둡고 쌀쌀한 도시로 느껴졌다. 가난한 사람들이 모여 사는 구역을 지나갈 때는 영국이 정말로 쇠퇴하고 있다는 생각마저 들었다. 하지만 20년 만에 다시 찾은 맨체스터는 완전하게 다른 도시였다. 시 정부의 노력으로 말 그대로 창조적이고 현대적인 유럽 도시로 변모했다.

맨체스터 시 정부는 과거와 달리 도시의 독자적인 정체성과 브랜드를 적극적으로 홍보하고, 그 효과도 가시적으로 보기 시작했다. 그럼에도 나는 맨체스터를 관찰하면서 이 도시가 자신만의 라이프스타일을 더욱 명확하게 만들고 이를 실천하기 위해 더 노력해야 한다고 느꼈다. 적어도 중심 가치와 소비문화에서는 런던과 분명하게 다른 점을 찾기 어려웠기 때문이다. 시 정부의 홍보와 달리, 이곳 사람들은 실제로는 런던에 동화된 삶을 산다는 인상을 받았다.

한번 생각해보자. 시 정부가 도시 브랜드에 대해 고민하고 이를 개발하기 위해 노력한다는 것은 역설적으로 그만큼 도시 정체성이 약하다는 의미가 아닐까? 맨체스터의 도시 정체성이 약하다는 주장에 동의하지 않는 사람이 많을 것이다. 영국 사람이라면 누구나 금방 구분할 정도로, 맨체스터 사람은 특유의 악센트와 직설적인 화법을 사용하기 때문이다.

내 맨체스터 친구들은 마거릿 대처 총리 이후 영국 정부가 지역의 독립적 정체성을 장려하지 않는다고 말한다. 경제적 효율성을 높이기 위해 지역 균형보다는 투자 유치를 위한 지역 간 경쟁, 지역의 독립 기업보다는 전국적인 네트워크를 가진 대기업의 경쟁력이 강조됐다. 이 말을 들으면서 영국도 양극화가 심각하다는 생각이 들었다. 그렇다고 해도 모든 문제가 30여 년 전 집권한 대처의 탓이라고 볼 수는 없다.

영국 전역에서 목격되는 지역성 약화의 원인은 무엇일까? 앞으로도 이 논란은 계속될 것이다. 맨체스터 라이프스타일의 현실에 대해서는 어느 정도 공감대가 형성된 것으로 보인다. 시 정부의 미사여구와 실제 사이에 존재하는 괴리, 내가 느낀 맨체스터의 현실이다. 도시 정체성이 부진해서인지 맨체스터는 영국의 비즈니스 중심지로서 기능하지 못하고 있다. 이 도시의 한계는 아직 영국을 대표할 만한 기업과 산업을 키우지 못한 데에 있다. 지역 기업 중에 사람들에게 이름이 알려진 기업은 맨유가 유일하다.

나와 같은 대학에서 강의하는 영국인 교수 폴은 맨체스터의 대표적인 기업으로 영국 최대의 협동조합인 더코오퍼러티브그룹The Co-operative Group을 추천했다. 전통적으로 노동자 문화가 강하고 노동당을 지지해온 맨체스터 시민은 대기업과 금융기관을 부정적으로 인식하고 있지만 일반 시민이 회원으로 참여하는 협동조합에는 우호적이라고 한다. 이런 정서 때문에 맨체스터에 큰 주식회사는 없지만, 그 대신 큰 협동조합은 존재할 수도 있다. 하지만 그마저도 가설에 불과하다. 현실의 더코오퍼러디브그룹은 '큰 기업'이라고 보기 어렵다. 규모 면에서 영국 식료품 가게 시장에서 5위권에 머무는 작은 기업이고, 회사 평판도 최근 그룹 은행의 물의로 많이 실추됐다.

기업 부문의 부진은 도시 경제 전반에 악영향을 미친다. 최근 고용 자료에 의하면, 런던과 맨체스터의 경제적 격차가 점점 더 벌어지고 있다. 런던은 계속 일자리를 확충하고 있지만 맨체스터는 런던뿐만 아니라 다른 영국 도시와 비교해도 일자리 창출이 부진하다.[17]

맨체스터가 런던과 경쟁할 수 있는 라이프스타일을 개발하는 작업은 어쩌면 크게 어려운 일이 아닐지도 모른다. 지금보다 조금 더 중심도시와 달라지려고 노력하고, 그리고 그러한 노력이 중요하고 가치 있다고 생각하면 된다. 실생활 속에서 맨체스터의 정체성과 독립심을 지키는 것이 중요하다.

도시 정체성 강화는 지역 맥주와 같은 지역 브랜드로 시작할 수도 있다. 뜻밖에도 맨체스터에는 도시를 대표하는 맥주가 없다. 오랫동안 지역 맥주로 자리 잡았던 보딩턴Boddingtons은 1989년 자국의 위트브레드에 인수되고, 2000년에는 벨기에의 인베브에 넘어갔다. 인베브는 2004년 맨체스터 공장을 폐쇄했고, 현재 맨체스터에서 팔리는 보딩턴 맥주는 다른 지역에서 생산된 맥주다.

보딩턴이 자신을 '맨체스터 크림Cream of Manchester'으로 홍보했기 때문에 많은 사람이 보팅턴 맥주와 맨체스터를 동일시했다. 그러나 더는 이곳 사람들도 보딩턴을 자신의 맥주로 사랑하지 않는다. 올드트래퍼드에서도 보딩턴 맥주의 존재감은 약했다. 보팅턴은 맨유가 올드트래퍼드 매점에서 파는 많은 맥주 중의 하나일 뿐이다. 맨유의 공식 맥주 파트너 기업은 태국의 싱하Singha이다.

지역 신문도 맨체스터 정체성에 크게 기여할 것이다. 나는 새 도시에 가면 그 도시의 신문을 사는데, 맨체스터에는 지역 조간신문을 찾지 못했다. 오후에 《맨체스터이브닝뉴스Manchester Evening News》가 나올 때까지 기다려야 한다. 상대적으로 영향력이 떨어지는 석간신문이 맨체스터의 유일한 지역 신문이다.

참신하고 세련된 도시 기념품을 개발하는 것도 맨체스터 정체성 강화를 위해 필요한 작업이다. 맨체스터는 도시 기념품을 찾기 어려울 정도로 도시를 대표하는 상품을 만들지 않는다. 물론 공항에는 도시 기념품을 파는 상점이 있다. 그러나 규모와 선택의 폭이 매우 빈약하다. 맨체스터 기념품은 상점에서 2개의 진열장에 전시되어 있었다. 한 진열장은 맨유 기념품을 팔았다. 다른 진열장은 수건, 모자 등 맨체스터 이름과 영국 국기가 새겨진 물건을 팔았다. '맨체스터의 최고Best of Manchester'라는 진열장 이름이 무색할 정도로 이름 외에는 도시를 상징할 만한 디자인이나 아이디어를 찾을 수 없었다.

맨체스터는 분명히 다른 도시와 다르다. 산업혁명이 처음으로 시작한 역사와 맨체스터만의 음악을 만드는 대중문화, 산업혁명 이후 형성

맨체스터 공항의 기념품 상점

된 노동자 문화 등으로 맨체스터만의 색채가 확연히 드러난다. 맨체스터가 해야 할 일은 이런 문화 자원을 실생활의 라이프스타일로 전환하는 것이다. 맨체스터가 자신만의 라이프스타일로 현재 런던으로 몰리는 인재를 유인한다면 미래에 영국을 대표할 기업이 탄생하는 도시가 될 것이다.

Manchester & Manchester United

● 맨체스터유나이티드의 지역 기반 경영

지역민의 수요 속에서 탄생

혹독한 기근을 겪은 아일랜드 노동자들이 생계 유지를 위해 철도 공사장으로 모여들었다. 크리켓과 럭비를 즐기는 영국 상류층과 달리 노동자들은 축구를 즐겼다. 축구는 그들에게 고단한 날들을 견디는 힘이 되었을 뿐만 아니라 결속력도 강화시켜 주었다. 노동자의 스포츠인 축구가 영국 최초의 산업 도시인 맨체스터의 대표 이미지가 된 것은 자연스러운 일이다.

격렬하고 열정적인 노동자 문화

육체노동을 하는 노동자는 역동적이고 열정적이다. 철도 노동자의 축구팀으로 시작된 맨유에는 당연히 노동자 문화가 녹아 있고, 이는 폭발적이고 열정적인 팬 문화로 이어졌다. 이제는 옛말이 되어가고 있지만 악명 높았던 맨유의 훌리건만 보더라도 맨체스터의 노동자 문화가 반영되어 있음을 알 수 있다.

지역민을 중심으로 한 팬 네트워크 구축

맨체스터의 어린이는 맨유의 잠재적인 선수이자 팬이다. 따라서 맨유는 앞으로의 성장을 위해 젊은 선수와 팬을 미리 확보하는 데 열중한다. 그 방편으로 유소년 축구단을 운영하고, 유소년의 가족을 대상으로 한 마케팅에 혼신의 힘을 기울인다. 탄탄히 구축된 지역민들의 팬 네트워크는 맨유의 중요한 자산이다.

● 맨체스터의 도시 문화 정책

체계적인 지역 브랜드 정책

독창적 근대 브랜드 맨체스터는 영국의 산업화가 시작된 도시. 시 정부는 첫 산업 도시로서의 역사성과 선두에서 변화를 주도하는 진보성을 표현한 '독창적 근대'를 맨체스터의 도시 브랜드로 선정했다.

도시 마케팅 기구 운영 맨체스터 시 정부는 도시의 독자적인 정체성과 브랜드를 적극 홍보한다. 효과적인 도시 홍보를 위해 마케팅맨체스터와 비짓맨체스터 등을 조직해 관광 산업 활성화를 꾀하고 있다.

산업혁명, 노동자, 도전 정신을 강조하는 문화 정책

산업혁명박물관과 역사 유적 보호 맨체스터는 산업혁명의 도시답게 곳곳에 산업혁명을 기리는 유적지와 박물관이 있다. 대표적인 산업혁명 기념관으로는 과학산업박물관(Museum of Science and Industry)이 있다.

노동운동을 기록한 인민역사박물관 맨체스터는 노동자가 모여 발전시킨 도시다. 노동자들은 노동환경 개선과 참정권을 얻기 위해 싸웠다. 인민역사박물관에는 이러한 노동운동의 역사가 기록되어 있으며 이는 곧 맨체스터의 역사이기도 하다.

맨체스터 음악 매드체스터, 즉 맨체스터의 음악에 열광하는 젊은이들이 많다. 맨체스터 음악은 노동자의 반항 기질을 품고 거친 펑크로 표출되었다. 이 음악에 매료된 사람들은 맨체스터로 몰려들어 음악뿐만 아니라 패션, 예술에 이르기까지 많은 문화 트렌드를 만들어내고 있다.

기업 친화적인 도시 개발 전략

맨체스터는 도시 브랜드 '독창적 근대'를 모토로 도시를 재생시키고 성장시킨다. 현재 맨체스터는 각종 행사와 축제, 스포츠 대회를 유치함으로써 문화 도시로 재생되고 있으며, 매력적인 비즈니스 환경을 만들기 위한 토대도 마련해 나가고 있다.

브베와 네슬레

★★★

단순하고 순수한 삶을 닮은
건강한 식품

147년 동안 고향을 지킨 네슬레

테이스터스 초이스, 네스카페 등 우리에게 익숙한 커피 음료를 만드는 네슬레는 세계에서 제일 큰 식품 회사다. 이유식으로 시작한 이 기업은 현재 음료수, 유제품, 조리 식품, 과자류, 애견용품, 제약품 분야에서 총 80개 가까운 브랜드를 생산한다. 세계 최대의 식품 회사답게 2012년 한 해 매출이 922억 스위스 프랑(약 100조 원)에 달했다.

수년 전 '중국산 제품 없이 살아보기'가 화두가 된 적이 있다. 알게 모르게 얼마나 많은 중국 제품을 소비하는지 알리기 위해 시작한 캠페인이다. 참여자들은 얼마 지나지 않아 중국 상품 없이 하루를 버티기가 어렵다는 사실을 깨달았다. 네슬레를 대상으로 이 같은 실험을 해도 재미있을 것 같다. 인도네시아, 태국 등 일부 국가는 '네슬레 제품 없이 살아보기' 실험을 시작하면 하루도 버티기 어려울 것이다.

네슬레 본사는 인구 1만 8000명에 불과한 스위스의 작은 도시 브베에 있다. 이 도시는 창업자 앙리 네슬레Henri Nestlé가 1867년 유아용 시리얼을 처음 생산한 곳이다. 회사 창립 이후 147년 동안 고향을 지킨 셈이다.

초가을의 화창한 아침에 '팔레 네슬레Palais Nestle'로 불리는 네슬레 본사를 찾아 나섰다. 브베 중심부에서 레만 호수를 따라 서쪽으로 가다 보면 그 끝에 이르러 본사 건물을 만난다. 네슬레의 위상을 떠올리는 많은 사람은 큰 규모의 본사 단지를 기대하겠지만, 실제 본사는 건물 3개로 이루어져 있어 아담하다.

본사에서 일반인에게 공개하는 공간은 직원 매점이다. 직원과 일반인을 대상으로 회사가 생산한 제품을 판매한다. 본사 매점에 특별한 것이 있을까 싶어, 직원에게 다른 곳에서 살 수 없는 본사만의 물건이 있는지 물었다. 내가 방문한 다른 기업과 마찬가지로, 네슬레 역시 본사라고 해서 딱히 특별한 물건을 팔지는 않았다. 방문객을 위한 기념품이라도 한두 가지 마련해 두면 더 친절한 기업으로 기억되지 않을까?

본사 내부에는 회사의 공식 방문객을 위해 만든 방문 센터가 있다. 이곳에는 네슬레가 보유한 모든 브랜드가 한자리에 놓여 있다. 방문 센터 홍보 자료는 네슬레의 미래 사업으로 건강과 웰빙을 강조한다. 네슬레는 '좋은 식품, 행복한 생활Good Food, Good Life'을 위해 품질 좋은 건강

상품을 개발하는 것을 목표로 삼았는데, 나는 그 목표가 네슬레가 앞으로 추구해야 할 올바른 방향이라고 생각한다.

네슬레는 조만간 앙리 네슬레가 처음으로 공장을 지었던 보스께Les Bosquets 지역에 방문 센터를 건설한다고 한다. 네슬레의 상품을 얼마나 많이 소비하고 있는지 미처 몰랐던 브베 관광객들은 아마도 새로 완공될 방문 센터에 방문해보면, 네슬레로 둘러싸인 자신의 일상을 돌아보고 깜짝 놀랄 것이다.

세계적인 명성을 가진 네슬레지만 우리나라에서는 그리 보편적인 브랜드가 아니다. 하지만 네슬레는 분명 배울 점이 많은 기업이다. 많은 사람이 미래 성장 산업으로 농업과 식품 산업을 이야기한다. 아쉽게도 우리나라는 아직 세계적인 식품 회사를 배출하지 못했다. 스위스 같은 작은 나라에서 세계 최대의 식품 기업으로 성장한 네슬레는 우리 식품 산업에 좋은 모델이 될 것이다.

네슬레 본사에 근무하는 인력은 5000명으로, 전체 종업원 25만 명의 0.2퍼센트에 불과하다. 오래전부터 현지화를 추진했기 때문에 본사에 큰 규모의 인력이 필요하지 않다. 현지 시장에 맞게 제품을 생산하기 위해서 인력 대부분을 해외 사업장에 배치한다.

내가 만난 네슬레 부사장 H는 작은 도시에서 본사를 운영하는 일이 전혀 불편하지 않다고 말했다. 아마 본사를 이전하더라도 더 큰 도시로 가지는 않을 것이다. 네슬레가 스위스 시장에서 얻는 이익은 전 세계 120여 개 나라에서 얻는 매출의 1.5퍼센트에 불과하기 때문이다. 심지어 네슬레 임원의 90퍼센트는 스위스인이 아니다. H 부사장이 본사 이

전에 대해 한 말이 오랫동안 기억에 남는다. "우리에게 스위스 인맥이 중요하다면 취리히로 이전할 것이다. 그러나 우리에게 필요한 네트워크는 스위스가 아닌 세계적 네트워크이다."

네슬레가 진정으로 필요한 것은 세계 시장으로의 접근성이며 브베는 이에 아주 적합한 도시다. 브베에서 제네바 국제공항은 1시간, 취리히 국제공항은 2시간 거리다. 기차 중심의 교통 문화 덕분에 국내 이동이 매우 편리하다. 집에서 가까운 역에서 기차를 타면 공항 터미널까지 갈 수 있다. 소위 말하는 문전 연결성이 매우 좋다.

사실 다양한 식품 상품을 생산해 전 세계에서 사업하는 회사가 굳이 중심도시에 본사를 둘 필요는 없다. 커피만 보아도 네슬레는 국가별 취향에 따라 50개가 넘는 다양한 상품을 만든다. 네슬레가 이 상품들을 한곳에서 생산하는 것은 비효율적이다. 네슬레가 추구하는 현지 법인 중심 경영 방식에서는 경영 인력을 한곳에 집결하는 것도 생산성을 저해하는 요소이다.

새로운 둥지를 찾는 일 자체가 회사에 큰 모험이 될 수도 있다. 네슬레는 오랫동안 브베에서 성장하고 성공했다. 회사의 정체성이 브베와 스위스 문화에 근간을 두고 있기 때문에 네슬레와 브베는 문화 및 정신적으로 서로 분리하기 어렵다. 아무리 해외 사업을 많이 한다고 해도 네슬레는 기본적으로 스위스 회사. 실용성, 근면, 성실 등 스위스 가치가 기업 문화 속에 깊게 뿌리 내리고 있다.

스위스는 '작은 것이 아름답다Small Is Beautiful'는 말을 종교처럼 믿는 나라다. 우선 스위스 자체가 작은 나라다. 그래서인지 스위스 사람들

네슬레 브베 본사

은 작은 도시를 제약으로 생각하지 않는다. 그런 자신감이 브베에서 네슬레를 탄생시켰을지도 모른다. 스위스는 주 전통이 강한 연방 국가다. 브베 사람은 자신이 속한 보 주Vaud Canton에 대한 자부심과 정체성이 강하다. 천주교 신자가 많은 보 지역에선 전통적으로 개신교의 중심지였던 제네바를 경계하는 정서가 존재한다. 이렇듯 지역 특색이 강한 사회에서 네슬레가 보를 떠나 다른 주로 이전하는 것은 스위스 정서에 어울리지 않는다.

물론 다국적 기업인 네슬레는 상품이나 광고에서 회사의 지역적 배경을 강조하지 않는다. 브베나 스위스 지명을 사용한 브랜드가 있느냐는 질문에 네슬레 안내자는 이상한 질문이라는 듯한 표정을 지으며 없다고 말했다. 그러나 브베를 방문하면 이 도시가 네슬레의 정체성에서 중심을 차지한다는 것을 쉽게 느낄 수 있다.

네슬레 역사 박물관 알리망타리움

일반인이 쉽게 접근할 수 없는 네슬레 본사를 대신해 기업 문화와 역사를 체험할 수 있는 곳이 있다. 바로 네슬레가 후원하는 식품 박물관 알리망타리움Alimentarium이다. 네슬레는 브베 기차역 뒤, 지금은 공장 지대인 보스께 지역에서 태어났다. 사업이 성장한 1920년에 본사를 현재의 알리망타리움 자리로 이전했다. 현재의 박물관은 과거 네슬레가 본사로 사용했던 건물이다.

알리망타리움 앞쪽의 레만 호 가운데에는 브베의 랜드마크인 포크 상이 세워져 있다. 3미터 높이의 거대한 조각 작품인 포크 상은 호숫가에서 10미터가량 떨어진 호수 안에 세워져 있다. 알리망타리움박물관 안에 소장했던 포크 상을 레만 호수 한가운데에 꽂다니, 기발한 발상이다. 포크 상은 햇빛 방향에 따라 매시간 다른 색을 띠며 빛나는데, 하루 중 석양의 붉은빛을 반사하는 저녁 시간에 가장 아름다운 자태를 뽐낸다.

알리망타리움박물관은 1995년 개장 10주년을 기념하여 만든 포크 상을 1년간 전시했다. 전시가 끝난 후 철거된 포크 상이 레만 호에 다시 돌아온 것은 13년 후인 2009년이다. 주 정부가 브베 시민의 청원을 받아들여 포크 상의 영구 전시를 허용했다. 박물관과 포크 상 사이에는 찰리 채플린 동상이 서서 레만 호를 바라본다. 채플린은 1952년 브베로 이사 와서 1997년에 생애를 마쳤다. 채플린의 무덤은 브베 도심을 조금 벗어난 언덕의 작은 공동묘지에 있다.

레만 호 채플린 동상과 포크 상

알리망타리움은 식품과 영양에 관련된 다양한 전시 행사를 매년 개최한다. 네슬레가 세운 박물관이라고 해서 기업과 관련한 전시만 하는 것은 아니다. 박물관은 다양한 전시와 체험 시설을 통해 '잘 먹는 것Eating Well'이 얼마나 중요한지를 교육하므로 가족과 함께 방문하기 좋은 곳이다.

박물관 2층에는 과거 네슬레 회의실이 재연되어 있고, 자료실 옆 벽면에는 회사가 거쳐온 역사와 관련된 자료가 전시되어 있다. 네슬레가 그동안 생산한 상품의 상표를 모은 포스터를 살펴보면서, 나는 불쑥 브베가 네슬레의 본사를 상실할 뻔했던 3번의 위기가 떠올랐다.

브베 본사의 첫 번째 위기는 제네바 기업인들에 의한 회사 인수 시도였다. 앙리 네슬레가 사망한 후 네슬레는 경영 악화로 새로운 투자자를 찾았다. 만약 그때 제네바 기업인들이 회사를 인수했다면 본사는 현재 제네바에 있을 것이다. 그러나 본사의 이전을 우려한 보 지역 자본가들이 힘을 합하여 제네바 기업인 대신 네슬레를 인수했다.

두 번째 위기는 함Cham 본사의 등장이다. 네슬레는 1920년, 함 지역에 본사를 둔 앵글로스위스컴퍼니Anglo-Swiss Company와 합병하면서 브베와 함에 각각 따로 본사를 운영하기로 했다. 아직도 네슬레는 명목적으로나마 함에 본사를 유지하고 있다. 두 본사는 처음에는 동등하게 출발했지만, 시간이 지나면서 브베 본사의 영향력이 커졌으며 그 결과 브베 본사가 네슬레의 실질적인 본사로 자리 잡았다.

제2차 세계대전을 겪으면서 브베 본사는 또 한 번의 위기를 맞는다. 독일이 유럽 대륙을 장악하면서 스위스는 독일과 그 동맹국에 둘러싸

이게 되었다. 물리적으로 고립된 스위스에서 해외 시장을 관리하기 어렵게 되자 네슬레는 본사 기능을 양분하여 유럽 시장은 브베 본사가, 그 외 시장은 미국 코네티컷 주 스탬퍼드Stamford 본사가 담당하는 체제를 채택했다. 전쟁이 종료된 후 네슬레는 스탬퍼드 본사를 어떻게 처리해야 할지 고민했다. 당시 CEO를 포함한 스탬퍼드 본사 경영진은 스탬퍼드 본사를 유지하길 희망했으나, 네슬레는 결국 스탬퍼드 본사를 철수하고 브베로 본사 기능을 일원화했다.

브베 본사의 다난한 역사는 작은 도시가 세계적 기업의 본사를 유지하는 일이 얼마나 어려운지를 보여준다. 브베 지역 주민과 기업인의 부단한 노력 덕분에 네슬레는 브베 본사를 지킬 수 있었다. 다행히 제2차 세계대전 이후에는 본사의 지위가 별달리 위협받은 일이 없다. 나아가 네슬레가 기업박물관, 채플린박물관 등 브베 지역의 여러 시설에 투자하는 것을 보면, 앞으로도 브베 본사에 대한 네슬레의 의지는 확고한 것으로 보인다.

나란히 선 러시아정교 성당과 세인트마틴 교회

앙리 네슬레는 독일에서 스위스로 이민한 약사였다. 이민자가 세운 네슬레는 처음부터 해외 사업과 외국인 고용에 적극적이었다. 현재 CEO를 포함한 네슬레 최고 경영진의 절대다수 역시 외국인이다. 최고의사결정 기구인 집행위원회의 위원 13명 중에서 스위스 국적을 가진 사람은

러시아정교 성당과 세인트마틴 교회

3명뿐이다. 또한 본사 인력의 40퍼센트 이상이 외국인이며 영어를 공용어로 사용한다.

브베와 스위스는 외국인이 많은 곳이다. 관광객으로 오는 외국인도 많지만 이민자도 많다. 스위스는 이민자가 전체 인구의 25퍼센트에 달하는 대표적인 이민 국가다. 찰리 채플린, 그레이엄 그린, 표도르 도스토옙스키, 빅토르 위고 등 수많은 위인이 브베를 찾았다.

브베의 개방성은 종교에 대한 관용에서 제일 잘 드러난다. 브베에는 천주교인이 다수지만 전통적으로 다른 종교에 관대하다. 브베의 스카이라인을 장식하는 교회도 러시아정교 성당과 세인트마틴 개신교 교회다. 러시아정교 성당은 1878년 브베에 정착한 슈왈로프 백작이 요절한 딸 바바라를 위해 세웠다. 19세기 초반부터 많은 러시아 귀족과 지식인들이 스위스로 이주하면서 여러 곳에 러시아 교민 사회가 형성되었다. 러시아 귀족들은 자녀를 교육하는 장소로 스위스를 선호했다. 브베도 러시아인들이 많이 모여 살았던 도시 중 하나였다.

러시아정교 성당 뒤의 언덕에 있는 세인트마틴 교회는 오랫동안 브베 개신교의 중심지였다. 16세기 장 칼뱅의 주도로 종교 개혁에 성공한 후, 스위스는 다른 유럽 국가에 개신교를 전파했다. 또한 영국의 청교도 등 모국에서 박해받는 신교도를 망명자로 받아들였다. 17세기 후반 영국의 왕정복고 탓에 스위스로 망명했던 앤드루 브로턴, 에드먼드 루드로 등 영국 청교도 지도자들은 결국 고국에 돌아가지 못하고 타향에서 생을 마감했고, 세인트마틴 교회에 묻혔다.

언덕 아래에서 나란히 서 있는 듯 보이는 러시아정교 성당과 세인트마틴 교회는 종교에 대한 브베의 개방성을 상징한다.

매력적인 자연환경을 가진 관광 도시

브베는 세계적인 관광지인 스위스 리비에라(Riviera, 레만 호 북부)의 중심부에 있다. '벨 에포크(Belle Epoch, 아름다운 시절)'라고 불리는 19세기 말부터 20세기 초, 전 세계의 부자들은 스위스 리비에라에서 휴가를 보냈다. 그 전통이 지금도 이어져 브베는 항상 부유한 관광객으로 붐빈다.

부유한 관광객이 많이 방문하는 도시답게 브베에는 세계적인 명품을 파는 가게들이 골목마다 들어서 있다. 브베의 호텔도 유명하다. 호텔 뒤라크Hotel du Lac와 호텔데트루와쿠론느Hotel des Trois Couronnes는 오래전

브베 시내 광장

부터 영화와 소설에 등장해온 전설적인 호텔이다. 두 호텔은 레만 호 서쪽에 자리 잡고 있다.

브베의 매력은 단연 자연환경이다. 브베에서 호수, 백조, 알프스, 적설, 포도밭, 햇살, 스위스 주택이 만들어내는 시각적 아름다움의 총화를 체험할 수 있다. 어느 계절, 어느 날씨에도 브베의 아름다움은 변함이 없다.

어쩌면 스위스 도시의 아름다움은 환상일지도 모른다. 스위스에도 다른 나라 도시처럼 거칠고 불결한 장소가 많다. 또한 늘 경제 양극화와 이민자 통합 문제로 고민한다. 통계로 보면 스위스가 다른 유럽 국가보다 더 깨끗하다고 보기 어렵다. 화학 산업과 제약 산업이 발전한 스위스의 모든 도시가 알프스 마을처럼 쾌적하다고 생각하는 것은 순진한 발상이다.

그러나 브베를 방문하는 관광객에게 현실과 통계는 중요하지 않다. 스위스는 항상 아름답고 깨끗하다는 이미지를 가진 나라다. 누군가 스위스에서 선물로 사온 카드, 슬라이드, 색연필 등에 의해 굳어진 이미지다. 나는 스위스를 방문하면서 어린 시절 마음에 새긴 동경의 대상을 찾고 싶었다. 그래서 애써 이민자의 가난, 뒷골목의 낙서와 불결함을 무시하고 그저 아름다운 곳으로만 스위스를 느끼고 싶었는지도 모르겠다.

외국인의 눈으로 바라본 브베

내가 브베의 자연환경에 매료됐다면 브베를 정기적으로, 그리고 오랫동안 방문해 온 미국인과 영국인은 브베에서 무엇을 찾고 얻을까? 오랫동안 미국인에게 브베는 유럽의 선진 문화를 대표하는 지역이었다. 19세기 미국의 대표적인 작가 헨리 제임스Henry James는 호텔데트루와쿠론느를 배경으로 한 소설 《데이지 밀러》에서 유럽의 관습과 예절을 무시하는 아름다운 미국 처녀의 비극적인 삶을 묘사했다. 부유한 아버지를 둔 데이지는 어머니, 어린 남동생과 함께 유럽을 여행한다. 사회 관념에 구속받지 않는 이 발랄한 처녀는 남의 눈치를 보지 않고 젊은 남자와 자유롭게 만난다.

미국 청년 윈터본은 호텔데트루와쿠론느에서 만난 데이지를 사랑하게 된다. 그러나 데이지는 진정한 관계를 원하는 윈터본을 두고 계속 많은 남자를 만나고 다닌다. 춥고 비가 오는 어느 날 밤에 그녀는 이탈리아 남자 친구를 만나러 나갔다가 폐렴에 걸린다. 병상에 누운 데이지는 윈터본에게 그를 배신한 적이 없다는 말을 남긴 채, 결국 병마를 이기지 못하고 죽는다. 19세기 브베에서 자유로움을 추구한 데이지의 삶은 이렇게 비극적으로 막을 내린다.

영국 작가 아니타 부크너Anita Bookner가 1987년 브베를 배경으로 쓴 소설 《호텔뒤라크》도 감정과 사랑에 충실한 여자를 이야기한다. 부크너는 이 소설로 영문학에서 가장 권위 있는 부커상을 받았다. 소설에서 주인공 에디스 호프는 연애소설 작가다. 그녀는 사랑하지 않는 약혼자와의 결혼을 망설이다가, 결혼식 당일이 되자 식장까지 갔다가 결국 집으로 돌아온다. 친구들은 에디스의 비정상적인 행동에 놀라, 그녀에게 조용한 곳에서 잠시 근신할 것을 권유한다. 그녀가 선택한 근신처가 바로 브베다.

호텔뒤라크

에디스는 관광객이 모두 떠난 9월에 브베에 도착한다. 부크너는 9월의 브베를 이렇게 적는다. "숙박비가 떨어지면서 누구도 호수 끝에 있는 이 작은 도시를 늦은 9월에 방문할 이유는 없는 것처럼 보였다. 한번 내리면 며칠씩 떠 있다 갑자기 사라져서 새로운 풍경을 공개하는 짙은 안개 때문인지 보통 때도 말수가 적은 브베 사람들은 이때가 되면 더욱 과묵해졌다. 브베는 인간이 신중하게 수확한 풍요가 있는 땅이다. 적어도 인간의 복잡한 사고를 정복할 정도로 안정된 곳이다. 오직 날씨만이 브베에서 인간이 제어하지 못하는 변덕스러운 존재다."

브베 사람은 에디스와 동떨어져 있었다. 에디스가 브베에서 만나고 대화한 사람은 전부 그녀와 같은 관광객이거나 호텔 직원이다. 그녀에게 이 도시는 요즘 흔히 말하는 '힐링'을 제공하는 장소다. 부자들이 스위스 은행에서 프라이버시를 찾는 것처럼, 그녀는 브베에서 치유의 프라이버시를 찾는다. "라크 호텔이 제공하는 것은 부드러운 형태의 보호 구역, 프라이버시의 보장, 그리고 잘못한 것이 없다는 감정을 주는 감쌈Protection과 배려Discretion다. ……이렇듯 이 호텔은 불공평한 일을 당하거나 피곤한 삶을 산 사람이 회복하도록 휴식을 확실하게 제공하는 장소로 알려졌다."

그러나 에디스는 브베에서 영원한 치유를 찾지 못한다. 조용하고 안정적인 브베에서 새로운 청혼자를 만나지만, 사랑이 없는 형식적인 결혼을 원하면서 다른 여자와 불륜을 범하는 그에게 크게 실망한다. 에디스는 과묵하고 이성적인 브베를 포기하고, 예측하기 어렵지만 감정에 충실한 런던으로 돌아간다. 비극적으로 삶을 마친 데이지와는 달리 에디스는 브베를 떠나 다시 한번 감정과 사랑에 충실한 삶을 추구한다.

감성과 이성의 대립이라는 맥락에서 보면, 헨리 제임스와 아니타 부크너는 브베를 차가운 이성이 지배하는 곳으로 그렸다. 감정을 다친 외국인이 브베에서 찾는 것은 차가운 이성이 제공하는 조용함, 안정감, 그리고 프라이버시다.

소박하고 단순한 삶

과묵한 브베 사람을 만나기 위해서는 관광객으로 북적거리는 도심에서 약간 벗어난 곳으로 가야 한다. 네슬레 본사 뒤의 언덕길을 올라가면 그림 같은 마을, 코르소Corseaux를 만난다. 코르소의 어느 언덕에 서도 네슬레 본사와 브베를 한눈에 볼 수 있다.

집, 가게, 식당, 공공건물 등 이 마을의 모든 것은 단순하고 실용적으로 지어졌다. 허세와 사치스러움은 찾기 어렵다. 마을에서 생산하는 와인을 파는 공동 판매장에서도 마을 사람의 소박함을 경험할 수 있다. 레만 호를 남쪽으로 바라보는 코르소 언덕은 예로부터 화이트와인 생산지로 유명하다. 공동 판매장이 관광객을 위해 내놓은 와인은 모두 소박하게 포장된 서민 와인이다.

브베 사람은 여느 스위스 사람과 마찬가지로 아름답고 화려한 삶을 추구하지 않는다. 자신을 내세우거나 과장되게 포장하지 않는 것이 스위스의 미덕이다. 나는 스위스 아미 나이프Swiss Army Knife가 스위스 사람의

코르소 마을 회관

생활 문화를 가장 잘 표현한다고 생각한다. 스위스 아미 나이프처럼, 이곳의 라이프스타일은 단순하고 편리하며 견고하다. 나는 스위스 라이프스타일을 한마디로 '단순한 삶Simple Life의 추구'로 표현하고 싶다.

네슬레에서 일하는 친구가 이런 말을 했다. 브베 사람은 이곳이 '심심한Boring' 곳이라는 것을 알고 있으며 오히려 그것을 자랑스럽게 생각한다고. 외부인이 브베의 단순한 삶에 대해 무슨 말을 하든지 개의치 않는다고 덧붙였다. 이곳 사람에겐 재미없는 삶이 문제가 안 되는 것 같다. 단순한 삶을 살려면 재미없는 삶은 당연한 걸까?

단조로운 삶을 추구한다고 해서 스위스 사람이 사회 참여를 꺼리는 것은 아니다. 스위스는 직접 민주주의가 발달한 나라이다. 인구 2000명의 코르소에서도 마을 주민 전체가 마을의 주요 현안을 토론으로 결정한다. 마을 회관 게시판에 빽빽하게 적힌 마을 소식과 안내문에서 공동

체에 대한 마을 주민의 관심을 읽을 수 있다.

소박한 한편으로는 어수룩한 모습도 보이지만, 스위스 사람은 타고
난 상인으로 알려졌다. 예금자의 신분을 철저히 보호하는 스위스 은행
에서 볼 수 있듯이, 그들은 거래자의 불편한 진실을 눈감아 줄 만큼 실
리 지향적이다. 인구 800만의 스위스가 우리나라와 같은 수준인 '《포
춘》 선정 세계 500대 기업' 14개를 보유한 것은 우연이 아니다.

확고한 개방성과 정체성을 유지하는 브베

세계적으로 유명한 영화배우 찰리 채플린은 영국 런던의 가난한 가정에
서 태어났다. 23세인 1912년 미국으로 건너가 희극배우로 활동하다가
1914년부터는 영화를 제작했다. 그는 초기 작품에서 항상 굴뚝 모자에
통이 넓은 바지를 입고 코밑수염을 단 우스꽝스러운 모습의 '거지 신사
The Little Tramp'로 분장했다. 거지 신사 캐릭터가 표현하는 본질은 인간의
존엄성이다. 어처구니없이 곤경에 빠지는 거지 신사는 광대같이 엉뚱한
행동을 하지만, 항상 신사가 지녀야 할 자존심을 지키려고 노력한다. 채
플린은 거지 신사를 통해 예측할 수 없어 불안한 현대사회에서 자존심
을 지키려고 무진 노력하는 보통사람에 대한 애정을 표현했다.

1918년 무렵부터 채플린은 자본주의 사회를 풍자하고 비판하는 영
화를 만들기 시작했다. 매카시즘이 절정에 달했던 1950년대 초, 미국 정
부는 채플린의 대표작 〈모던 타임스Modern Times〉가 사회주의를 지지하

는 영화라고 판정하여 그를 미국에서 추방한다. 미국을 떠난 채플린은 영국으로 돌아가지 않고 1952년 스위스에 정착했다. 〈모던 타임스〉는 인간을 이익의 도구로 여기는 기업을 비판한 작품이다. 채플린은 자신이 사회주의자가 아니라고 주장했지만, 스위스 망명 후 니키타 흐루쇼프, 저우언라이, 자와할랄 네루 등 사회주의 지도자들과 공개적으로 교류했다.

자서전《찰리 채플린, 나의 자서전》에서 채플린은 스위스로 이주한 이유를 이렇게 설명했다. "나는 아직 집을 찾지 못했다. 친구가 스위스를 권고했다. 나는 런던에 정착하길 원했지만, 런던 날씨가 아이들에게 어떨지 자신할 수 없었다. 솔직히 당시 파운드가 봉쇄 통화인 것도 걱정됐다…… 우리가 발견한 브베 집은 과수원이 딸린 30에이커의 큰 저택이다. 테라스 앞엔 참으로 아름다운 아름드리나무들이 자라는 5에이커 잔디밭이 저 멀리 보이는 산과 호수를 뜰 안으로 품는 듯했다."18

뉴욕과 미국이 그립지 않으냐는 친구들의 질문에 채플린은 "솔직히 그립지 않다. 미국이 변했고 뉴욕도 변하긴 마찬가지다. 산업체, 언론, 텔레비전 방송, 상업 광고 업계의 엄청난 규모가 나로 하여금 미국의 삶의 방식으로부터 소외감을 느끼게 한다. 나는 대기업과 그들의 공허한 업적을 상기시키는 화려한 거리와 마천루가 아닌 그 반대의 삶을 원한다. ……삶을 더 단조롭고 개인적으로 느끼고 싶다"고 답했다.

화려한 생활을 누리다가 브베의 소박한 삶을 찾아온 외국인은 채플린뿐만이 아니다. 평생 이국적인 소설을 쓴 영국의 소설가 그레이엄 그린도 말년을 브베에서 보냈다. 채플린의 묘소는 굳이 찾아가지 않으면 발길이 닿지 않는 외지고 평범한 공동묘지다. 그레이엄 그린의 묘지도 안내서로는 찾을 수 없는 곳에 있다.

브베는 무서울 정도로 개방성과 정체성이 확고한 도시다. 개방적인 문화와 순수하고 단순한 라이프스타일이 많은 외국인을 브베로 끌어당긴다. 그런데 수많은 외국인이 정착해도 브베의 라이프스타일은 변하지 않는다. 변하는 쪽은 오히려 외국인이다. 브베가 외국인을 동화시키려고 크게 노력하지 않는데도 말이다. 브베의 그 무엇이 외국인을 브베 사람으로 만드는 것일까?

나는 브베의 비밀이 단순한 라이프스타일에 있다고 생각한다. 브베의 라이프스타일은 네슬레의 기업 문화에 그대로 전수되었다. 네슬레는 브베와 같이 소박하고 단순하며 외국인에게 개방적인 기업 문화를 가졌다. 사람들은 브베가 건강하고 순수한 삶을 추구하는 도시라고 생각한다. 네슬레가 생산하는 제품도 건강하고 순수한 식품이다.

코르시에 공동묘지의 채플린 묘소

Vevey & Nestlé

● 네슬레의 지역 기반 경영

깨끗한 자연, 건강, 웰빙에 어울리는 식품

네슬레는 브베 지역의 농축산물로 만든 유아용 시리얼로 창업한 기업이다. 초콜릿, 우유, 커피 등으로 상품 품목을 늘린 후에도 브베의 지역 환경을 활용해 소비자의 건강을 생각하는 웰빙 식품으로 경쟁하고 있다.

브베의 라이프스타일을 담은 기업 이념

작은 것이 아름답다 스위스 사람은 '작은 것이 아름답다'는 말을 종교처럼 믿는다. 스위스 자체가 작은 나라이기도 해서 스위스 사람은 작은 도시를 제약으로 생각하지 않는다. 브베라는 작은 도시에 본사를 둔 네슬레도 작은 공간을 제약이 아닌 경쟁력의 원천으로 여긴다. 실제로 네슬레는 기업 운영에 별다른 불편을 느끼지 않는다. 네슬레가 진정으로 필요한 것은 세계 시장으로의 접근성이며 브베는 이에 충분히 적합한 도시다. 브베에서 제네바 국제공항은 1시간, 취리히 국제공항은 2시간 거리다. 기차 중심의 교통 문화 덕분에 국내 이동이 매우 편리하다.

소박하고 단순한 삶 브베의 주민은 대도시에 비해 브베가 심심한 곳이라는 사실을 잘 알고 있다. 하지만 소박하고 단순한 삶의 가치를 소중하게 생각하며 또한 자랑스럽게 여긴다. 단순한 삶을 추구하는 브베의 라이프스타일은 검소함과 내실을 강조하는 네슬레 기업 문화로 발전했다. 이렇듯 네슬레와 브베는 문화 및 정신적으로 서로 분리하기 어렵다.

● 브베의 도시 문화 정책

지역 문화와 기업 문화의 접목

알리망타리움 지원 네슬레는 알리망타리움이라는 식품 박물관을 후원한다. 알리망타리움은 식품과 영양에 관련된 다양한 전시 행사를 개최하여 '잘 먹는 것'이 얼마나 중요한지를 교육한다. 알리망타리움 앞 레만 호수 안에 꽂혀 있는 포크 상이 세계적인 식품 회사 네슬레를 품은 브베의 랜드마크이다.

채플린 박물관 건립 추진 또 하나의 브베 아이콘은 찰리 채플린이다. 스위스 브베의 소박한 라이프스타일은 유명한 영화배우 찰리 채플린을 브베로 이끌었다. 채플린은 브베에서 "삶을 더 단조롭고 개인적으로 느끼고 싶다"는 자신의 염원을 이루었다. 그의 묘소는 평범한 공동묘지이며 굳이 찾아가지 않으면 발길이 닿지 않는 외지고 평범한 곳에 위치한다. 브베 시와 네슬레는 채플린의 인생을 기념하는 박물관을 건립하고 있다.

개방성과 정체성의 공존

브베가 속한 스위스는 전체 인구의 25퍼센트가 이민자인 대표적인 이민 국가다. 브베 역시 관광객을 비롯해 이민자가 많이 찾는 도시다. 브베는 소박하고 단순한 라이프스타일을 추구하는 도시 문화를 지켜가는 한편, 외부인들에게 상당히 개방적이다. 개방적인 문화와 순수하고 단순한 라이프스타일이 많은 외국인을 브베로 끌어당긴다. 그런데 수많은 외국인이 정착해도 브베의 라이프스타일은 변하지 않는다. 브베가 외국인을 동화시키려고 크게 노력하지 않아도 변하는 쪽은 오히려 외국인이다. 이렇듯 브베는 언뜻 보기에는 공존하기 어려워 보이는 개방성과 정체성을 확고하게 유지한다. 네슬레 역시 브베처럼 소박하고 단순하며 외국인에게 개방적인 기업 문화를 가졌다.

08

툴루즈와 에어버스

★★★

프랑스 항공 산업의
허브가 된 툴루즈

미국 항공기 회사를 압도한 에어버스

프랑스의 에어버스는 1000억 달러 규모의 기업으로 전 세계 상업용 항
공기 시장을 지배한다. 2007년 이후 미국의 항공기 업체 보잉과의 경쟁
에서 역전승을 거두더니, 2011년에는 세계 항공기 시장의 65퍼센트를
차지할 만큼 압도했다. 민간 항공기 시장의 패권을 다투는 미국과 유럽
의 경쟁은 1970년 에어버스의 설립으로 시작됐다. 유럽 국가들은 세계
의 항공우주 산업을 장악하고 있는 미국의 독주를 막기 위해 에어버스
를 설립했다. 참여국의 이해 대립을 극복하고 각국의 책임과 역할을 명
확히 하기 위해 에어버스는 운영체계로 컨소시엄을 선택했다.

에어버스 컨소시엄은 유럽의 자존심을 건 사업이었다. 당시 유럽의 항공 산업은 미국의 경쟁 상대가 되지 않았다. 유럽 국가 간의 차이도 컸다. 전후 유럽 국가의 항공 산업은 전승국과 패전국 지위에 따라 상황이 달랐다. 영국과 프랑스는 제2차 세계대전 승전국으로서 나름대로 견실한 항공우주 산업을 개발했다. 전략적이며 부가가치가 높고 다양한 기술이 요구되는 전투기, 대형 여객기, 로켓 등을 계속해 생산함으로써 미국 다음 가는 항공기 생산국의 지위를 차지하고 있었다. 이에 반해 패전국인 독일과 이탈리아는 전후 20년간 전략 물자 생산이 금지되었기 때문에 항공기 개발보다는 부품 산업과 레저 및 스포츠용 경비행기를 주로 생산했다. 이런 이유로 에어버스 초기에는 연구 개발 분야에서 다른 나라보다 앞섰던 프랑스가 컨소시엄을 주도했다. 프랑스가 유리한 입장이었기 때문에 에어버스 본사도 툴루즈에 유치할 수 있었다.

초기에는 여러모로 고난의 연속이었다. 1965년 컨소시엄 설립이 가시화됐을 때부터 대두한 국가 간 주도권 싸움은 에어버스 설립 이후에도 수년 동안 계속되었다. 경영 구조의 불안, 선발 미국 항공기 제작사 보잉과 맥도널드더글러스의 시장 장악력으로 에어버스는 1970년대에 막대한 적자를 기록했다.

1970년대 초 에어버스는 최초로 프랑스에 항공기 한 대를 판매한 이후 유럽 주요 항공사로부터 단 한 건의 주문도 받지 못해 경영난이 심각했다. 1977년과 1978년에 이르러서야 이집트 항공과 이스턴 항공으로부터 A300을 겨우 수주받았다. 어려운 시기에 에어버스가 버틸 수 있었던 유일한 힘은 참여 정부들이 지원한 막대한 보조금이었다.

이토록 초라했던 에어버스가 성공 가도로 돌아선 것은 1980년대다. 1970년대 말 A300, A310 등 보급형 기종을 출시해 그 가능성을 인정받은 에어버스는 1980년대 중반 A320을 성공적으로 출시한 후 세계적인 항공기 제작사로 도약하기 시작했다. A320은 축적된 유럽 각국의 첨단 기술을 항공기에 도입할 수 있는 에어버스 특유의 컨소시엄 체제를 십분 활용한 모델이다. 동급 경쟁 모델보다 객실 폭이 넓고 경제성, 속도, 운항 거리 등 기술적으로도 앞섰던 A320은 항공기 시장에서 경쟁이 치열한 150석 급에서 탁월한 판매량을 올렸다. 이를 계기로 에어버스는 보잉, 맥도널드더글러스와 견줄 만한 위치로 올라갔다.

A320의 성공을 발판으로 에어버스는 2000년대 A380 개발에 착수했고, 2005년 4월 27일 첫 비행을 무사히 마쳤다. A380이 출시되기 전 세계의 대형 여객기 시장을 독점한 것은 보잉 747이었다. A380 출시로 에어버스는 명실공히 세계 최대, 최고급의 여객기를 생산하는 회사가 되었으며 동시에 대형 여객기 시장으로 진출할 수 있었다.

미국에서 경제학을 배운 나는 학교에서 에어버스를 나쁜 회사로 배웠다. 교수님들은 정부가 보조금과 규제로 시장 질서를 왜곡하는 대표적인 사례로 에어버스를 소개했다. 그러나 꼭 경제학을 동원하지 않더라도 에어버스는 미국에 골치 아픈 존재다. 에어버스만 없었다면 미국이 전 세계 항공기 시장을 독점할 수 있었기 때문이다. 에어버스 진출 후 미국 항공기 회사는 경영이 어려워졌다. 1970년대 미국에서 민간 항공기를 제작한 두 회사 중 하나인 맥도널드더글러스는 경영난을 이기지 못해 1997년 결국 보잉에 합병되었다. 보잉은 현재 미국에서 항공기를 제작하는 유일한 회사가 되었다.

주변에서 에어버스에 대한 인식이 부정적이다 보니 나도 처음에는 에어버스 항공기에 탑승하는 것을 좋아하지 않았다. 그런데 A320이 보편화되면서 자연스럽게 에어버스 항공기를 자주 타기 시작했다. A320를 경험해보니 솔직히 보잉의 미래가 걱정스러웠다. 아무리 정부 보조금을 받지 않는다는 보잉 편을 들려고 해도 승객으로선 에어버스 항공기가 더 끌렸다. 좌석 공간도 더 넓고, 무엇보다 비행기 내부를 간결하고 깔끔한 유럽 스타일로 디자인해 깊은 인상을 남겼기 때문이다.

돌이켜보면 에어버스가 보잉을 추월하는 것은 시간문제였는지도 모른다. 유럽이 자동차, 선박 등 스타일과 디자인이 중요한 운송기기 분야에서 미국을 앞섰는데, 민간 항공기만 예외로 남기를 기대하는 것은 무리다. 언제부터인가 에어버스 항공기는 BMW, 메르세데스 벤츠 등과 같이 세련된 유럽 자동차처럼 느껴졌다면, 보잉 항공사는 묵직하고 개성이 강한 미국 자동차처럼 느껴졌다.

프랑스 남부 툴루즈에 있는 에어버스 본사를 찾아가는 여정은 에어버스 항공기만큼 편하지는 않았다. 항공 산업이 군수 산업이라서 그런지, 에어버스는 위치 등 회사에 대한 정보를 자세히 공개하지 않는다. 본사 건물과 사업장이 툴루즈 곳곳에 분산되어 있는데 공개된 정보만으로는 어느 부서가 어디에 있는지를 알 수 없다. 큰길에서 회사 건물을 사진 찍는 것도 허용하지 않는다. 하지만 공식적인 회사 투어에는 참여할 수 있다. 내가 방문한 날에는 영어 투어가 없어 할 수 없이 불어 투어에 참여했다. 회사를 소개하는 비디오를 보고, 조정실 시뮬레이터에서

에어버스 툴루즈 본사

항공기 이착륙 과정을 체험해보았다. 또 항공기를 제작하는 실제 과정
도 관망대에서 직접 내려다볼 수 있었다.

툴루즈가 프랑스 항공 산업의 허브가 된 까닭은?

공장을 포함한 에어버스 관련 시설은 툴루즈 북서쪽에 있는 블라냑
Blagnac과 보젤르Beauzelle, 두 도시에 흩어져 있다. 생산된 항공기를 배달
하고 시험 비행을 해야 하므로 툴루즈 공항이 에어버스 생산 공장과 연
결되어 있다. 블라냑과 보젤르는 광활한 공단 지역이다. 많은 기업을 수
용할 수 있는 공간이 아직 많다. 툴루즈 도심에서 에어버스 공장을 가려
면 아레네 역에서 파란색 경전철을 타고 종착역인 아에로콩스텔라시옹

툴루즈 도심의 항공 산업 포스터

Aeroconstellation에서 내리면 된다.

툴루즈는 프랑스 항공 산업의 허브다. 에어버스, 국립항공학교, 우주 공업연구소 외에도 많은 중소 항공기 제작사, 에어버스 협력 업체 등이 모여 있다. 그뿐만이 아니다. 툴루즈는 컴퓨터, 전자, 생명공학 등과 관련 한 첨단산업 기업의 유럽 본부가 모여 있다.

툴루즈의 첨단기술을 적절히 이용하는 대표적 외국 기업은 모토로 라다. 모토로라는 연구 시설을 미국 본토에 둔다는 오랜 원칙을 깨고 1990년대 중반 툴루즈에 첫 해외 연구센터를 지었다. 국내 연구에서 봉 착한 한계를 뛰어넘기 위해 유럽의 고급 기술을 쉽게 접할 수 있는 툴루 즈를 대안으로 선택한 것이다. 그런데 프랑스의 항공 산업은 왜 툴루즈 에 모이게 됐을까? 항공 산업 유치를 위한 도시의 입지 조건이 나쁜 것 은 아니다. 이 도시는 우선 프랑스의 대표적인 대학 도시다. 학생 수로만 보면 리옹과 파리에 이어 프랑스에서 세 번째로 대학생이 많은 도시다. 에어버스를 포함한 툴루즈 기업은 같은 도시에 소재한 대학 연구소와 협력하여 항공우주 산업의 발전에 필요한 연구와 개발을 수행한다.

그럼에도 툴루즈를 선택한 이유에 대한 궁금증이 완전히 해소되지 는 않는다. 프랑스에 이 도시만큼 입지 조건이 좋은 다른 도시들도 많은 데 왜 남부 도시 툴루즈를 선택한 걸까? 에어버스 역사를 거슬러 올라 가 보니, 해답의 실마리를 찾을 수 있었다. 에어버스가 출범하기 전 프랑 스 정부는 1957년 프랑스 남부의 항공기 제작 기업들을 통합해 툴루즈 에 쉬드아비아시옹Sud Aviation을 세웠다. 프랑스 기업에 재직 중인 지인 줄리앙은 독일 공습을 피하려는 전략으로 일부러 독일에서 멀리 떨어진 프랑스 남부에 항공 산업 시설들을 만든 것이라고 말했다.

군사적 목적을 위해서 세운 쉬드아비아시옹은 노드아비아시옹Nord Aviation과 합병하면서 아에로스파시알Aérospatiale이라는 국영 항공기 회사로 성장했다. 이 아에로스파시알이 영국과 독일의 국영 항공기 회사와 합작해서 지금의 에어버스 컨소시엄으로 발전했다. 에어버스와 툴루즈는 이처럼 군사적인 목적을 위해 인위적으로 맺어진 관계다.

미디 운하와 함께 교통 중심지로 부상한 툴루즈

정치경제학 관점에서 보면 프랑스는 우리나라와 상당히 비슷하다. 프랑스의 파리 집중도는 우리나라의 서울 의존도에 못지않다. 세계 10대 경제 대국 중에서 중심도시의 경제 비중이 제일 높은 나라가 프랑스다. 컨설팅 업체 매킨지글로벌연구소McKinsey Global Institute에 따르면 2010년 파리의 기업이 프랑스 기업 전체 매출의 91퍼센트를 차지했다. 수도권 비중이 높다고 알려진 영국도 전체 기업 매출에서 런던 기업의 비중은 68퍼센트에 불과하다. 한국 대기업 본사가 서울에 몰려 있는 것처럼 프랑스의 거의 모든 대기업 본사가 파리에 있다.

시장, 인력, 자금 등의 입지 조건 때문일까? 파리가 기업에 제공하는 매우 중요한 혜택은 아마도 정책 결정 과정에 대한 접근성이다. 기업이 정책을 결정하는 도시에서 많은 사업이 이루어지는 것은 정부가 국가 경제에 미치는 영향이 크고 정부 의사 결정이 투명하지 않다는 사실을 의

미한다.

프랑스는 국가주의가 강하고 관료의 권한이 크기로 유명한 나라다. 그리고 철저하게 엘리트주의를 실천한다. 고등학생 졸업생 중 극히 일부만 선발하는 고등교육기관 그랑제콜이 정계, 관계, 산업계, 언론계 등 프랑스 모든 분야의 지도자를 양성한다. 그랑제콜 출신 엘리트들이 파리에 살면서 경제에 영향을 미치는 중요한 결정을 내리기 때문에 프랑스의 큰 기업은 파리를 떠날 수 없다.

프랑스는 항상 이렇게 중앙집권 국가였을까? 사실 프랑스도 다른 서유럽국가와 같이 봉건주의 시대를 거쳤다. 17세기 태양왕으로 불리며 프랑스를 군림했던 루이 14세가 분권적인 프랑스를 지금의 중앙집권 국가로 뒤바꾸었다. 툴루즈의 미디 운하를 보면 루이 14세가 분명 보통사람은 아니라는 생각이 든다. 미디 운하는 루이 14세 재임 기간에 건설되었다. 산업혁명이 시작하기도 전인 17세기에 태양왕은 대서양과 지중해를 연결하는 운하를 건설하도록 명령한 것이다.

설립 책임자 피에르 폴 리케Pierre-Paul Riquet는 수문, 수로, 다리, 터널 등 328개의 구조물로 툴루즈와 지중해 연안을 연결하는 총 길이 360킬로미터의 대운하를 28년(1667~1694년) 만에 완성했다. 대서양 항구도시 보르도로 향하는 미디 운하와 대서양으로 뻗은 가론 운하가 만나는 분기점이 바로 툴루즈다.

미디 운하가 개통되자 툴루즈는 프랑스 남부의 중요한 교통 중심지가 됐다. 동시에 프랑스 남부 전역은 주요 농산물과 와인 생산지로 새롭게 부상했다. 19세기에 개통된 철도가 운하를 대체하기 시작하면서 미

툴루즈 미디 운하

디 운하는 한때 쇠락의 길을 걸었지만, 유네스코가 세계문화유산으로 등록하면서 예전과는 다른 방식으로 부를 창출하고 있다. 툴루즈의 중요한 관광자원이 된 미디 운하는 크루즈와 산책로를 즐기려는 수많은 관광객들로 가득한 관광 명소다.

최고 수학자 페르마로 대표되는 과학 전통

앞서 살펴보았듯 국제 정치적인 상황과 지리적 이점들 덕분에 툴루즈는 프랑스 항공 산업의 중심지가 되었다. 항공 산업이 들어오기 전의 툴루즈는 어떤 도시였을까? 툴루즈는 13세기에 이미 대학을 설립할 정도로 교육이 발달한 도시였다.

툴루즈의 과학 전통을 대표하는 인물은 17세기 최고의 수학자라고 불리는 피에르 드 페르마Pierre de Fermat이다. 툴루즈에서 태어난 페르마는 성년이 된 후 사망할 때까지 지역 법원의 법관으로 일했다. 직업이 판사인 페르마가 어떻게 세계적인 수학자로 알려졌을까? 페르마는 공식 수학 교육을 받지 않은 아마추어 수학자였다. 일설에 의하면 일반인과의 교류가 금지된 직업을 가진 페르마가 무료함과 고독을 이기기 위해 수학에 빠졌다고 한다. 당시 프랑스의 판사들은 공정한 재판을 위해 일반인과 자유롭게 교제하지 못했다고 한다.

취미로 시작한 수학이 본업보다도 더 페르마를 유명하게 만들었다. 페르마는 자신을 아마추어라고 생각해 생전에 수학 논문을 한 편도 발표하지 않았다. 현재 남은 페르마의 기록은 메모와 편지뿐이다. 이 기록을 통해 페르마는 자연수 이론과 확률론 확립에 크게 기여했다.

수학과 동떨어진 일반인에게도 페르마라는 이름이 익숙한 이유는 1993년 영원히 풀지 못할 것으로 예상했던 '페르마의 마지막 정리'를 프린스턴 대학의 앤드루 와일스Andrew John Wiles 교수가 증명했기 때문이다. 이 소식을 국내외 언론이 대대적으로 보도했다. 와일스 교수는 1차 증명에서 발견된 결함을 보완하기 위해 다시 연구를 시작했고 1995년 새로운 증명을 발표했다. 1차 증명과 반증, 그리고 이어진 재증명 과정을 통해 와일스 교수는 대중적 명성을 얻었다.

페르마의 생가는 툴루즈에서 자동차로 1시간 거리인 보몽드로마뉴

페르마 고등학교

Beaumont-de-Lomagne에 있다. 보몽드로마뉴 시는 페르마 생가를 박물관, 도서관, 관광 안내소로 사용하고 있으며 시청 건너편에는 페르마 동상도 세웠다. 툴루즈 시내에도 페르마를 기념하는 장소가 있다. 대표적인 장소가 페르마의 이름을 딴 고등학교다. 프랑스 최고 명문 고등학교 중 하나인 페르마 고등학교는 툴루즈의 유명한 관광지 중 하나인 자코뱅 교회와 이웃해 있다.

옛 종교전쟁 같은 이민자와 원주민의 갈등

툴루즈는 샘이 날 정도로 옛 건물을 많이 간직한 도시로, 마치 도시 전체가 박물관 같다. 해가 지는 저녁에는 툴루즈의 붉은 벽돌집들이 석양을 반사해 도시 전체가 장미 정원처럼 반짝인다. 이 장관을 보다 보면, 툴루즈가 장미의 도시라고 불리는 이유를 단번에 이해할 수 있다. 툴루즈는 제2차 세계대전에서 큰 피해를 보지 않은 덕분에 중세 건물을 많이 보존했다. 유럽의 산업 중심지에서 먼 툴루즈의 지리가 또다시 이점으로 작용한 셈이다.

원래 툴루즈는 로마 도시로 시작했다. B.C. 2세기 말 로마는 현재의 툴루즈 지역을 정복하여 톨로사Tolosa의 시가지를 건설했다. 250년경 순교자 세르냉이 기독교를 전파한 후 툴루즈는 유럽 종교 분쟁의 역사에 자주 등장한다. 6세기 이후 아키텐Acquitaine 왕국의 수도로서 스페인의 이슬람교에 대항했으며, 9세기에 백작령County of Toulouse으로 전환한 후 400년 동안은 종교재판과 십자군 개입을 통해 남프랑스 이단 운동을 박해했다. 툴루즈가 왕령으로 프랑스에 완전히 합병된 때는 1271년이다.

까다롭기로 유명한 미국 소설가 헨리 제임스가 19세기 말에 쓴 툴루즈 기행기에서 유일하게 격찬한 역사 유적이 생세르냉Saint-Sernin 대성당이다. 11세기 초 세르냉 주교의 유해를 모신 로마 시대 집회장이 있던 장소에 건설된 생세르냉 대성당은 현재 유럽에서 제일 규모가 큰 로마네스크 양식 성당이다. 유네스코는 1998년에 생세르냉 대성당을 세계문화유산으로 등재했다.

생세르냉 대성당에 들어서면 제일 먼저 거대한 규모에 놀란다. 길이 115미터, 너비 21미터, 높이 64미터에 달하는 초대형 건축물이 왜 툴루즈에 필요했을까? 그럴 만한 이유가 있다. 생세르냉 성당은 스페인 서북부의 성지인 산티아고데콤포스텔라Santiago de Compostela로 향하는 수많은 순례자가 방문하는 성당 중 하나다. 순례하는 많은 군중을 수용하기 위해 큰 건물이 필요했다.

지금은 지극히 아름답게만 보이는 툴루즈의 성당과 광장에서 수많은 사람이 종교 분쟁으로 희생됐다는 사실이 믿어지지 않는다. 세르넹 주교 자신도 이교도에 의해 황소에 발이 묶인 채 끌려다니다 죽었다고 한다. 시청 광장에서 이어지는 황소 거리 뤼뒤토르Rue du Taur에서 벌어진 일이다. 툴루즈가 프랑스에 합병된 후에도 종교 박해는 계속됐다. 툴루즈의 종교재판과 이교도 처형식은 18세기 후반에 들어서야 잠잠해졌다. 프랑스와 툴루즈에 종교의 자유가 정착하게 된 계기는 1762년 장 칼라스Jean Calas 사건이다. 칼라스는 툴루즈의 부유한 섬유 상인이었는데, 문제는 그의 종교였다. 천주교가 지배한 툴루즈에서 칼라스는 개신교인 위그노Huguenot 신도였다. 위그노는 종교 개혁기부터 프랑스혁명에 이르는 시기에 활발하게 활동했던 프랑스 프로테스탄트 칼뱅파를 말한다.

1761년 어느 날 칼라스의 장남이 아버지의 가게에서 목매 죽은 채 발견됐다. 칼라스가 아들의 천주교 개종을 저지하기 위해 죽였다는 소문이 돌았고 흥분한 반위그노파들은 칼라스의 처벌을 요구했다. 천주교인으로 구성된 툴루즈 법원은 1762년 3월 9일 칼라스에게 사형을 선고했다. 그다음 날 칼라스는 광장에서 거열형으로 잔인하게 처형당했다.

당시 제네바에 망명 중이던 프랑스 철학자 볼테르는 칼라스 재판의 부당성을 전 유럽에 알리고 재심을 요구하는 운동을 전개했다. 볼테르의 노력으로 50명의 판사로 구성된 위원회가 결성됐고, 그 결과 1765년에 열린 상고심에서 법원은 원심을 파기하고 무죄를 선고했다. 또한 정

생세르냉 대성당

부가 칼라스 가족에게 배상금을 지급할 것을 명령했다. 칼라스 사건의 재심을 계기로 프랑스는 1780년대에 형사법과 종교법을 개혁했다.

종교전쟁이 사라진 툴루즈는 평화를 되찾았을까? 내 경험에 의하면 완전히 그렇지는 않은 것 같다. 툴루즈에 도착한 나는 공항 버스를 타고 윌슨 광장에 있는 호텔을 찾아가려고 했다. 그러나 그만 내려야 할 정거장을 놓쳐 다음 정거장에서 호텔까지 걸어갔다. 버스 운전사에게 들은 말로는 정거장과 호텔의 거리는 1킬로미터 정도로 가까운 편이었다. 그때까지만 해도 툴루즈 도심이 스트라스부르Strasbourg 거리를 경계로 두 지역으로 나뉜다는 사실을 몰랐다. 내가 내린 동쪽 지역은 북아프리카 이민자들이 모여 사는 곳이다. 하는 일 없이 거리에서 옹기종기 모여 있는 이민자 젊은이들을 지나치면서 이곳이 안전한 지역이 아닐지도 모른다는 생각이 불쑥 들었다. 나도 모르게 발걸음이 급해지며 호텔에 일찍 도착하고 싶은 마음이 간절해졌다.

툴루즈 공항에서도 예사롭지 않은 일을 겪었다. 평화로운 도시로 알고 있던 툴루즈건만 공항에는 자동소총을 맨 무장경찰이 순찰을 돌았다. 나중에 알았지만, 툴루즈는 이민자를 둘러싼 갈등이 심한 도시였다. 최근 툴루즈에서 이민자 문제가 주목받는 이유는 2012년 3월에 발생한 연쇄 살인 사건 때문이다. 이 사건으로 많은 북아프리카 이민자와 유대인들이 희생됐다. 나중에 검거된 범인은 북아프리카 이민자였으나, 진짜 범인이 밝혀지기 이전까지 언론은 인종차별주의자의 소행일 것이라고 강하게 의심했다. 거의 2000년 전에 시작된 이슬람교와 기독교의 전쟁이 오늘날 원주민과 이민자의 갈등으로 재연되고 있는 듯하다.

두 도시 이야기

이민자 갈등만 보더라도 툴루즈를 한 도시로 보기 어렵다. 다른 프랑스 대도시와 마찬가지로 툴루즈의 주민과 이민자는 같이 살지 않는다. 그러나 툴루즈를 둘로 나누는 것은 인종과 종교만이 아니다. 가론 강을 사이에 두고 에어버스 주변 지역과 기타 툴루즈 지역이 신도시와 구도시로 나뉜다.

가론 강 동쪽에 있는 툴루즈는 우리가 기대하는 전형적인 프랑스 남부 도시다. 툴루즈 시내 어디를 가도 프랑스 남부 도시의 매력을 느낄 수 있다. 노보텔 호텔 앞에 있는 윌슨 광장에서도 카페에 앉아 지나가는 사람을 구경하면서 프랑스 남부 지역의 기후와 분위기를 즐길 수 있다. 반면 가론 강 왼쪽의 툴루즈는 항공 산업 도시다. 툴루즈 공항과 에어버스 공장을 중심으로 새로 조성된 신도시다. 외관상 신도시는 프랑스 남부가 아닌 미국 캘리포니아 또는 한국의 신도시에 가깝다.

분단된 도시라는 점에서 툴루즈는 내게 우리나라의 포항을 연상케 했다. 서울대학 전상인 교수는 《청암 박태준 연구 총서》에서 지역사회를 위한 포스코의 선구자적인 기여가 있었음에도 포스코와 비포스코 지역의 경계를 극복하지 못한 도시로 포항을 표현했다. 포스코가 있는 형산강 이남과 구도심이 위치한 형산강 이북은 완전히 다른 도시라고 한다. 포스코 지역인 지곡동에서 자란 내 친구는 어릴 적 자신과 구도심 아이를 '지곡 아이'와 '시내 아이'로 구분했다고 한다. 포항이 이처럼 물리적, 정서적으로 분리되어 있기 때문에 구도심에 사는 포항 사람은 포스코를 진정한 지역 기업으로 생각하지 않는지도 모른다.

그렇다면 에어버스를 툴루즈 기업이라고 부를 수 있을까? 처음부터 에어버스는 툴루즈에 주어진 기업이지 툴루즈 주민이 창업해서 키운 기업이 아니다. 또한 공기업이기 때문에 지역 정체성이 강하지 않다. 더군다나 한 나라가 아닌 유럽 국가들이 컨소시엄으로 설립한 유럽 정부의 공기업이다. 애초에 유럽 전체를 위해 설립된 에어버스에 툴루즈의 정체성을 기대한 것이 무리일지도 모른다. 그래서인지 에어버스 임원들은 툴루즈보다 파리에서 더 많은 시간을 보낸다고 한다.

에어버스를 진정한 의미의 툴루즈 기업으로 만드는 것은 궁극적으로 툴루즈의 몫이다. 툴루즈 지도자들이 자신의 도시를 인재가 살고 싶은 매력적인 도시로 만들어야 그들을 지역에 유치할 수 있을 것이다. 내게 매력적인 도시는 차별적 라이프스타일을 가진 곳이다. 툴루즈에 차별적 라이프스타일이 있는가? 역사를 간직한 아름다운 건물과 거리, 남부 지역 특유의 기후와 태양, 비옥한 토지가 만드는 음식과 와인 등이 한눈에 살필 수 있는 툴루즈의 라이프스타일이다.

한 관광 안내서는 남부 도시 툴루즈의 매력을 이렇게 표현한다. "대서양과 지중해의 중간에 있는 툴루즈는 프랑스 남서부 지역의 요충지에 있는 미디피레네 지역의 수도로, 특히 여유로운 생활 방식으로 유명한 도시이다. 한가롭게 도시를 둘러보며 쇼핑을 즐기고 전통 시장을 방문해보고 카페의 테라스에 앉아 커피를 한잔하면, 진정한 툴루즈의 매력을 발견할 수 있을 것이다. 남부 특유의 매력은 진실함으로 함께 나누는 데 의미가 있다."

윌슨 광장의 카페

　기후, 역사, 토지, 여유가 툴루즈 고유의 라이프스타일을 만든다. 툴루즈에 아쉬운 점이 있다면 도시를 대표할 만한 현대 문화가 뚜렷하지 않다는 사실이다. 앞으로 툴루즈가 독특한 현대적 문화를 개발한다면 프랑스 중심도시 파리에 견줄 만한 차별적 라이프스타일을 제공할 수 있을 것이다.

　에어버스도 나름대로 툴루즈를 위해 할 일이 많다. 지역사회 발전의 중요성을 인식하는 에어버스가 기업과 도시의 통합을 위해 더욱 노력할 것으로 기대한다. 툴루즈와 에어버스에 대한 이런 희망을 안고, 나는 툴루즈를 떠나는 비행길에 올랐다.

Toulouse & Airbus

● 에어버스의 초국가 경영

에어버스의 탄생 배경

유럽 국가들은 세계의 항공우주 산업을 장악하고 있는 미국의 독주를 막기 위해 에어버스를 설립했다. 참여국의 이해 대립을 극복하고 각국의 책임과 역할을 명확히 하기 위해 에어버스는 운영체계로 컨소시엄을 선택했다. 제2차 세계대전 승전국으로서 나름대로 건실한 항공우주 산업을 발달시키고 있던 프랑스가 에어버스 컨소시엄 주도권을 잡았고, 그에 따라 에어버스 본사를 툴루즈에 유치할 수 있었다. 따라서 에어버스는 툴루즈가 키워낸 기업이라고 보기 어렵다. 에어버스는 처음부터 툴루즈에 주어진 기업이지 툴루즈 주민이 창업해서 키운 기업이 아니다. 또한 공기업이기 때문에 지역 정체성이 강하지 않다. 더군다나 한 나라가 아닌 유럽 국가들이 컨소시엄으로 설립한 유럽 정부의 공기업이다. 당연히 툴루즈의 라이프스타일과 에어버스의 연관성은 떨어진다. 하지만 앞으로는 에어버스가 지역사회 발전의 중요성을 인식해 기업과 도시의 통합을 위해 더욱 노력하리라고 기대한다.

항공 산업의 최대 기업

1970년대 에어버스는 미국의 보잉과 맥도널드더글러스의 벽을 넘지 못해 막대한 적자가 발생하는 등 심각한 경영난에 허덕였다. 그러나 에어버스 컨소시엄 참여 국가들의 자본금을 바탕으로 1980년대 중반 A320을 성공적으로 출시했다. 현재는 세계 항공기 시장에서 타 기업을 압도한다. 에어버스 항공기는 좌석 공간을 넓히고 간결하고 깔끔한 유럽 스타일로 내부를 디자인했다. 보잉 항공기가 묵직하고 개성이 강한 미국 자동차처럼 느껴진다면 에어버스 항공기는 BMW, 메르세데스 벤츠 등과 같이 세련된 유럽 자동차처럼 느껴진다. 유럽이 자동차, 선박 등 스타일과 디자인이 중요한 운송기기 분야에서 미국을 앞선 상황에 비추어보면 에어버스가 보잉을 넘어서는 건 시간문제였을지도 모른다.

● 툴루즈의 도시 문화 정책

지역 환경을 활용한 산업 개발 정책

툴루즈의 전략적 위치와 항공 산업 프랑스 정부는 제2차 세계대전 당시 항공 산업을 키우기 위해 독일 국경에서 제일 멀리 떨어진 툴루즈 지역에 항공 산업을 배치했고, 그런 연유로 툴루즈는 프랑스 항공 산업의 집약지로 발전했다. 툴루즈에는 에어버스 외에도 국립항공학교, 우주공업연구소 등 많은 항공 산업 연구소와 업체가 모여 있다.

최고 수학자 페르마로 대표되는 과학 전통 툴루즈는 13세기에 대학을 설립할 정도로 과학과 교육이 발전한 도시다. 툴루즈의 과학 전통을 대표하는 인물은 17세기 최고의 수학자로 불리는 피에르 드 페르마다. 지금도 툴루즈는 프랑스의 대표적인 과학 교육 도시다. 파리와 리옹에 이어 프랑스에서 세 번째로 대학생이 많이 산다.

여유와 낭만의 도시 문화

역사를 간직한 아름다운 건물과 거리, 남부 지역 특유의 기후와 태양, 비옥한 토지가 만드는 음식과 와인 등이 한눈에 살필 수 있는 툴루즈 라이프스타일이다. 기후, 역사, 토지, 여유가 툴루즈 고유의 라이프스타일을 만든다.

한 도시 속 두 가지 풍경

가론 강 동쪽에 있는 툴루즈는 우리가 기대하는 전형적인 프랑스 남부 도시다. 툴루즈 시내 어디를 가도 프랑스 남부 도시의 매력을 느낄 수 있다. 노보텔 호텔 앞에 있는 윌슨 광장에서도 카페에 앉아 지나가는 사람을 구경하면서 프랑스 남부 지역의 기후와 분위기를 즐길 수 있다. 반면 가론 강 왼쪽의 툴루즈는 항공 산업 도시다. 툴루즈 공항과 에어버스 공장을 중심으로 새로 조성된 신도시다. 외관상 신도시는 프랑스 남부가 아닌 미국 캘리포니아 산업 지역에 가깝다.

전통을 계승하며 신문화를 창조한
아시아의 도시들

.
.
.

KYOTO

Kyocera

KANAZAWA

Katani

09

교토와 교세라

★★★

모든 산업에 새겨진 지역 정체성, 교 문화

교토는 처음 가서 한번에 좋아지는 도시가 아니다. 일본 전통문화를 모르는 사람은 전통 건물로 가득 찬 교토를 낙후된 곳으로 볼 수도 있다. 일본 문화를 지나치게 좋아하면 안 된다고 교육받으며 자란 내게 일본 색이 강한 교토는 때론 부담스럽게 느껴진다. 교토에 이런 편견을 가져서인지, 2004년에 처음으로 교토를 방문했을 때 큰 인상을 받지 못했다. 교토 대학이 주최한 국제회의에 참석했는데, 그 출장에서 지금 기억하는 것은 회의장과 내가 묵었던 호텔 주변의 선술집이 전부다.

당시 나는 왜 미국의 명문 아이비리그 대학들이 일본 공부를 원하는 학생들을 교토의 도시샤 대학에 보내는지를 이해하지 못했다. 나라면 경제적 기회를 훨씬 많이 제공하는 도쿄에 보낼 텐데 말이다. 미국의 일본 전문가 교수들이 학생의 미래보다는 자신의 연구 주제를 더 중요하게 고려하여 방문 도시를 선정한다고 의심했다. 하지만 도시와 기업에 관심을 넓히면서 생각이 바뀌었다. 교토는 상대적으로 작은 규모임에도 연 매출 1조 원이 넘는 대기업을 20개 넘게 가지고 있다. 즉 '큰 기업을 가진 작은 도시'였다.

교토를 대표하는 세계적 기업을 꼽으라면 많은 사람이 교세라京セラ를 선택할 것이다. 세계적인 기업을 많이 지닌 세계 3위의 경제 대국 일본에서도 알아주는 기업이다. 회사의 창업자인 이나모리 가즈오いなもりかずお 회장은 혼다자동차의 혼다 소이치로와 마쓰시타전기의 마쓰시타 고노스케와 더불어 일본 3대 경영의 신 중 한 명으로 존경받는다.

교세라는 우리나라에서는 생소한 기업일 수도 있다. 지금은 통신과 휴대전화 사업을 하고 있지만, 오랫동안 이 회사의 주력 사업은 소재와 부품이었다. 1959년 창업한 교세라는 2013년 전 세계에서 7만여 명을 고용하고 144억 달러가 넘는 매출을 기록했다. 주력 상품인 세라믹 시장에서 2004년 세계 시장 점유율이 70퍼센트에 이를 정도로 지배력 있는 회사다.

이나모리 회장은 창사 후 매년 흑자를 기록하는 등 뛰어난 경영 실적을 자랑한다. 하지만 그가 존경받는 진짜 이유는 뚜렷한 경영 철학을 가지고 이를 기업 구성원과 일본 사회에 활발하게 홍보하기 때문이다. 이나모리 회장의 경영 철학 핵심은 '직원의 행복 추구'이다. 그는 직원의 행복이 주주 이익의 극대화보다 더 중요한 기업 목표라고 생각한다.

많은 학자는 '아메바 경영'이라는 독특한 조직 문화가 교세라의 경쟁력이라고 말한다. 아메바 경영은 단세포 원생동물인 아메바의 생존 원리에 착안한 경영 방식으로, 전체 조직을 독립 채산이 가능한 최소 단위로 팀을 나눠 각 팀이 독립적으로 경영에 참여하는 방식이다. 아메바 조직들은 서로 협력하는 한편 치열하게 경쟁한다. 또한 업무 성격별로 세분되어 독립적으로 운영되기 때문에 각 조직은 소규모 중소기업처럼 신속하고 유연하게 움직인다. 이러한 아메바 경영으로 교세라는 대기업에서 흔히 발생하는 관료주의 같은 여러 문제를 극복한다.

교세라 본사는 교토의 남부 산업 지역 후시미伏見区 구 토바도노초鳥羽殿町에 있다. 토바도노초는 일본을 대표하는 기업의 본사가 있는 지역이라고 보기에는 의아할 정도로 평범한 공장 지역이다. 눈에 띄는 점은 공장, 창고, 사무실 건물 등이 모여 있는 동네와는 어울리지 않게 현대식 고층건물이 서 있는데, 그곳이 바로 교세라 본사다.

교세라 본사 1층과 2층은 박물관이다. 1층 박물관은 교세라가 소장한 미술품을 전시하는 미술관이고, 2층 박물관은 세라믹 박물관이다. 친절하게도 교세라는 세라믹 역사에 관심 있는 사람에게 창업 이후부터 지금까지 생산한 세라믹 상품과 기술을 그림과 견본으로 설명한다.

본사 바로 옆에 창업자 이나모리 도서관이 있다. 도서관 1층 입구에 들어가면 오른쪽에 도서 전시장이 나타난다. 처음 가보는 사람은 특정 주제의 도서를 전시한 곳으로 생각할 것이다. 그러나 이곳에 전시된 책은 모두 이나모리 회장이 집필했거나 이나모리 회장에 대해 쓴 책이다. 상당

교세라 본사

한 규모의 이 전시장은 이나모리 회장과 교세라가 일본 산업 발전에 끼친 영향을 단적으로 보여준다. 5층 규모의 이나모리 도서관은 1층에서 이나모리 관련 서적을 전시하고, 나머지 공간은 이나모리 회장의 경영 철학을 연구하는 공간이나 관련 자료를 보관하는 장소로 사용한다.

교세라 본사의 미술관과 박물관은 이렇듯 기업의 역사를 강조하고, 역사에 대한 자부심을 키우는 기업임을 보여준다. 교세라가 창업자의 철학과 기업의 역사에 이처럼 투자하는 이유는 무엇일까? 다른 교토 기업과 마찬가지로 기업 자신과 지역에 대한 남다른 애정과 자부심이 있기 때문이다.

교토 전역의 '교 문화'

교세라의 자부심을 이해하기 위해서는 교세라라는 이름을 주목할 필요가 있다. 교세라는 '교토 세라믹'의 준말이고 '교京'는 교토의 머리글자로 수도라는 의미다. 교토는 일본의 천 년 고도다. 헤이안 천황이 서기 794년 교토로 천도했고 그 이후 메이지 천황이 1868년에 도쿄로 천도하기까지, 교토는 무려 천여 년 동안 일본의 수도였다.

내가 본 교토 사람들은 경쟁과 견제 상대로 유난히 도쿄를 신경 쓰는 것 같았다. 아무래도 도쿄가 일본 중심지로서 교토를 대체했기 때문일 것이다. 도쿄가 공식적으로 수도가 된 것은 1868년이지만, 사실 그보다 370년 전인 에도 시대가 시작할 무렵부터 이미 일본의 중심지로 기능했다. 도쿠가와 가문은 1601년 도쿄에 막부를 두고 실질적으로 일본을 통치했다.

도쿄에 대한 경쟁심은 교토에 대한 애정과 자부심이라는 형태로 표출되는데, 그 결정체가 바로 교토를 최고 도시로 생각하는 '교심京心' 또는 '교京 문화'이다.

교세라도 도쿄에 대한 '교심'이 뭉친 기업이다. 교토의 다른 회사 역시 교심의 영향을 받았다. 교심은 여러 형태의 기업 문화로 표출된다. 대표적인 예가 도쿄에 대한 반골 기질이다. 교토 기업 대부분은 적어도 도쿄 기업에는 질 수 없다는 오기를 품고 있다. 비록 도쿄에 일본 수도 자리를 뺏겼지만, 일본 제일의 도시 자리는 뺏기고 싶지 않은 것이다.

교토의 교심은 19세기 개항 시대에 지역 산업 활성화 정책을 적극

펼치게 된 동력이 됐다. 교토는 1870년에 화학과학연구소를 의미하는 사밀국舍密局을 설립하여 일본 최초의 산학협력기관을 만들었다. 이러한 노력의 결실로 1875년에 시마즈제작소와 같은 벤처 기업이 탄생했다. 교토의 교심은 여러 분야로 진출해 일본 최초의 성공 신화를 쌓았다. 1891년 교토는 일본 최초의 상업용 수력발전소인 게아게 발전소를 건설했다. 일본 최초의 노면전차 역시 1895년 교토에서 처음으로 개통됐다. 그 후에도 일본 최초 기록은 계속된다. 1897년 일본 최초 영화 상영, 1924년 공립 식물원 조성, 1956년 심포니 오케스트라 설립 등 교토는 새로운 것을 도입할 때마다 늘 일본을 선도해 왔다.

교 문화는 기업이 서로 도와주는 상생의 산업 문화를 만들었다. 인천대학 양준호 교수는 《교토 기업의 글로벌 경쟁력》에서 중소기업과 상생하고 새로운 창업 기업을 지원하는 전통은 오래전에 시작됐다고 설명한다. 교토의 최초 벤처 기업이라고 할 수 있는 시마즈제작소는 자신이 창업 때 받았던 사회적 관심과 배려를 잊지 않고, 1944년 설립한 무라타제작소의 창업과 성장을 적극 지원했다. 1933년에 설립한 옴론 역시 선배 기업으로서 1973년에 창업한 일본전산을 계속 도와줬다고 한다.

교토가 보수적이고 자존심이 높아서 폐쇄적일 것 같지만, 뜻밖에도 이처럼 개방적인 면이 있다. 물론 다른 지역 사람들은 교토인을 '속마음을 알 수 없고 가까워지기 어려우며 겉과 속이 다른 폐쇄적인 사람'이라고 비판한다. 교토 사람 개개인은 폐쇄적일 수 있으나 교토 사회 전체는 상당히 개방적이다. 교토의 개방성은 지역에 상관없이 능력 있는 사람을 받아들이는 문화에서 나타난다. 개방성이 없었다면 교토에 인재가 모이지 않았을 것이다. 비교토 출신으로 교토에서 창업한 기업인으로는 옴론의 타테이시 카즈마(구마모토 출신), 와코루의 쓰카모토 고이치(미야기 출신), 교세라의 이나모리 가즈오(가고시마 출신)를 들 수 있다.

교토 기업의 세계화도 교 문화와 관련이 깊다. 일본 본토 내에서 지역 기업이 도쿄 기업을 이기기는 사실 쉽지 않다. 일본 시장의 중심지는 도쿄이고, 아무래도 중심도시에 기반을 둔 기업이 우세하기 마련이다. 일본 내에서의 열세를 타개하기 위해 교토 기업이 찾은 해법은 적극적인 해외 시장 진출이었다. 지역 기업이든 중앙 기업이든 해외 시장에서는 동등하게 경쟁하기 때문이다.

교세라도 해외 시장 비중이 높은 세계적 기업이다. 82개에 달하는 외국 법인을 통해 2012년 전 매출의 55.1퍼센트인 69억 달러를 해외에서 벌었다. 기업의 성장 과정에서 해외 진출은 결정적인 역할을 했다. 신흥 기업으로서 일본 대기업에 납품하는 것이 여의치 않자 미국 시장 개척으로 전략을 바꿨는데, 결국 1965년 페어차일드 수주에 성공하여 성장의 발판을 마련했다.

이나모리 교세라 회장은 자서전 《좌절하지 않는 한 꿈은 이루어진다》에서 중심도시 도쿄와 경쟁할 방법은 세계화뿐이라고 생각하게 된 계기를 다음과 같이 설명한다. "그 무렵(창업 초기) 도쿄에도 사업 발판을 마련하기 위해 출장소를 개설했다. 그곳에 담당자를 배치하고 관련 제조업체를 매일 찾아다니도록 지시했다. 하지만 무명의 교토세라믹에 신규 진입의 벽은 높기만 했다. 좀처럼 영업 활로가 뚫리지 않아 속이 탔다. 그러던 차에 문득 미국 업체들이 생각났다. 일본의 대기업은 미국

'교' 브랜드를 내세운 한 여관의 사진

에서 기술을 도입하는 경우가 많았다. 만약 미국 업체에 회사 제품을 먼저 사용하게 하고, 그곳에서 제대로 평가받을 수만 있다면 일본 업체도 결국 앞다투어 교토세라믹 제품을 도입하리라고 생각했다. 시장이 열려 있는 미국에서는 실력만 있으면 공평하게 겨룰 수 있을 거라고 판단했다."

'교'라는 단어를 좋아하는 것은 기업뿐만이 아니다. 교토 거리를 거닐면 교토인이 얼마나 '교'를 좋아하는지 알 수 있다. 교토 사람은 스시를 비롯한 음식, 상품, 건물이나 장소 등 거의 모든 곳에 '교' 자를 붙인다. 교료리, 교스시, 교야끼(도자기), 교풍까지! 심지어 기온 거리의 허름한 여관도 '교' 브랜드를 내세운다.

전통과 현대의 시너지가 기업의 경쟁력

전통과 현대가 조화를 이룬 곳. 교토를 진부하게 묘사한 표현이지만 대체할 다른 문구도 마땅치 않다. 다른 지역을 압도하는 교토의 엄청난 문화유산을 통해 교토의 전통을 가득 느낄 수 있다. 그렇다면 교토의 현대는 어디서 느낄 수 있을까? 교세라 같은 첨단 기업을 소개했으니 교토의 현대를 이미 설명했다고 말할 수도 있겠다. 하지만 교토의 현대는 생각보다 뿌리가 깊다. 교토는 일본에서 처음으로 전화와 전차 등의 신문명 기계를 도입해 일본 근대화를 선도한 도시다.

교토의 현대는 문화와 예술에서 느낄 수 있다. 교토는 일본의 현대 미술을 주도하는 도시다. 1880년 일본 최초로 공립 미술학교인 교토부 미술학교Kyoto Prefectural School of Fine Arts를 설립했다. 이 학교는 1969년 시립음악대학을 통합하여 지금의 교토시립예술대학이 됐다. 기타무라 세호, 도모토 인쇼, 우에무라 쇼코 등 많은 문화 훈장 수상자가 이 학교를 졸업했다.

일본 최초의 교향악단인 교토시립교향악단은 1956년 6월 18일 폰토초 극장에서 초연을, 다음 날 마루야마 노천극장에서 정기 공연을 열었다. 4500명이 넘는 관객이 몰렸고 입장을 못 한 관객은 나무나 길 위에서 공연을 들었다고 한다. 교토 사람들은 예전부터 서양 클래식 음악을 즐겨왔다. 교토 부 정부는 일본 최초로 고등학교 교육 과정에 음악 수업을 넣었고 음악 전문대학도 만들었다.

이렇게 현대 문화를 적극 도입한 교토인은 전통문화 보존에도 그에 못지않은 사랑을 쏟았다. 교토인은 자신이 일본의 주인이며 일본 문화의 진정한 계승자이자 수호자라는 인식이 강하다. '지붕 없는 박물관'이라고 불릴 만큼 교토의 전통문화 자원은 세계 최고 수준이다. 교토에는 1000년의 역사를 가진 사찰과 신사가 2000여 개나 남아 있다. 그중 히가시혼간사東本願寺, 니시혼간사西本願寺, 긴카쿠사金閣寺, 긴카쿠사銀閣寺, 난젠사南禪寺, 도사東寺, 고류사廣隆寺, 류안사龍安寺, 기요미즈사淸水寺, 헤이안신궁平安神宮 등 무려 17개가 유네스코 세계자연유산으로 등재되어 있다. 교토의 문화 자원은 유형문화에 그치지 않는다. 교토는 다도, 가부키, 꽃꽂이 등 다양한 무형문화도 잘 보존하고 있으며, 현대 교토인은 이러한 전통문화를 일상생활의 한 부분으로 생각하고 취미 삼아 즐긴다.

교토는 도시 개발을 포기한 것처럼 보일 정도로 고집스럽게 전통 가옥, 건물, 거리를 보존한다. 일본에서, 아니 세계에서 최고로 엄격한 건축 규정을 고집하는 도시다. 그래서 교토의 첫인상은 화려하지 않다. 현대적인 건물에 익숙한 서울 사람에게 교토 건물과 거리는 오히려 낙후되어 보이기도 한다. 교토인은 전통문화 보호를 위해서라면 적지 않은 불편을 감수한다.

교토인은 축제(마츠리)를 열어 집단으로 자신이 교토인임을 자축한다. 전통을 고집해서인지 축제 참여 자격을 교토인으로 제한한다. 5월, 7월, 10월에 열리는 아오이마츠리, 기온마츠리, 지다이마츠리는 교토 3대 축제다. 그중 전염병 퇴치 의식에서 기원한 기온마츠리는 7월 한 달 내내 진행되며, 그 규모와 짜임새 측면에서 가히 일본 최고의 축제이다. 하지만 내가 주목한 것은 참여 인원이 700명에 불과한 지다이마츠리다.

교토가 일본 수도가 된 것을 기념하기 위해 시작된 지다이마쓰리는 지역에 대한 교토인의 자부심이 잘 느껴지는 축제다. 비록 규모는 크지 않지만, 교토가 수도였던 약 1100년 동안의 풍속을 시대별로 나누어 재현하는 행렬은 지역민을 하나로 묶고 자부심을 심어주는 지역 축제의 취지에 잘 부합한다.

전통과 현대의 공존은 교토 여러 곳에서 발견할 수 있다. 헤이안신궁 주변에는 서양식 건축 양식의 도서관과 미술관들이 교토의 신사나 사찰과 조화를 이루며 자리 잡고 있다. 교토국립박물관은 교토의 역사적 유물을 아름다운 서양식 건물에 전시하고 있어 전통과 현대의 조화를 완벽히 이루었다는 찬사를 얻고 있다.

세계적인 여행 작가 피코 아이어Pico Iyer는 에세이 《부조화 속의 삶 Living Among Incompatibles》에서 교토인들이 겉으로는 서양문화를 즐기지만 속으로 진정 좋아하는 문화는 일본 문화라고 주장한다. 그러나 나는 교토에서의 전통과 현대의 관계는 '이중성'보다 '시너지' 차원에서 설명되어야 한다고 생각한다. 교토에선 전통이 곧 현대이고, 오늘을 사는 경쟁력의 원천이 곧 전통이다.

현재 교토 기업의 혁신과 경쟁력에서 전통의 힘을 발견할 수 있다. 교토는 긴 세월 동안 세라믹, 순수 미술, 디자인에 대한 경험을 축적했고, 이렇게 축적된 과거의 지식과 경험은 기업가 정신과 도전 정신으로 이어졌다. 칩 가공과 소프트웨어 엔지니어링 등 첨단산업 분야에서의 경쟁력은 갑자기 나온 것이 아니다. 과거부터 쌓아온 경험과 연륜이 있었기에 꼼꼼하고 정밀한 완벽성이 요구되는 산업 분야에서 경쟁력을 확

전통과 현대의 조화를 상징하는 교토국립박물관

보할 수 있었다.

역사와 전통만 앞세워서는 시장에서 오랜 기간 살아남을 수 없다. 교토 기업은 안이하게 전통에만 기대지 않았다. 살아남기 위해서 비교우위인 전통을 바탕으로 경영 혁신을 게을리하지 않는다. 교토 기업의 경영 혁신을 이끈 원동력은 바로 독창성에 대한 헌신이다. 산요 회장 카케히 테츠오는 1999년 미국 비즈니스 잡지 《비지니스위크Business Week》 인터뷰에서 교토 기업의 성공은 독창성을 중시한 창업자와 경영진이 일군 성과라고 말했다. 교토는 과거 천황에게 바치는 진귀한 물건을 만들던 장인이 모여 살던 도시다. 한 가지만을 끈기 있게 거듭하여 완벽함을 추구하던 그 기질은 결국 지금의 기업에 전수됐다.

일본의 문화를 맛보는 요리, 교료리

'교'는 일본에서 프리미엄 브랜드다. 교 자가 붙으면 상품의 품격이 높아진다. 교 브랜드가 주는 경제적인 혜택을 고려할 때 교토 사람이 물건과 유행에 교 자를 붙이지 않는다면 오히려 그것이 이상하다. 대표적인 기업들도 교토의 높은 지명도를 이용한다. 양준호 저서 《교토의 글로벌 경쟁력》에서 찾은 옴론 회장인 타테이시 카즈마의 발언이 인상적이다. "해외 시장을 고려할 경우, 도쿄를 경유하는 것보다 교토에서 직접 물건을 파는 것이 '교토'의 높은 지명도로 큰 장점을 얻을 수 있다." 이나모리 교세라 회장도 자서전에서 교토가 "역사가 깊고 전통적인 일본의 도시로 이미 잘 알려진 터라 (그) 자체로 의미가 있다"고 생각해서 회사 이름에 '교'를 붙였다고 설명한다.

일반인에게 아주 익숙하고 쉽게 접할 수 있는 교 브랜드는 교토 요리, 즉 교료리다. 일본을 가기 전이었던 1990년대 말에도 교토에 가서 꼭 체험해야 할 일로, 사찰과 신사를 방문하는 일과 더불어 가이세키(정식 요리)를 맛보는 것으로 알고 있었다. 서울에서 일본 음식점을 운영하는 친구에게서 교토 사람들은 스시를 '천박한' 도쿄 음식으로 우습게 안다는 이야기를 듣고 나서 교토 음식에 대한 호기심이 더욱 커졌다.

일본 요리는 전통적으로 관동과 관서 요리로 나뉜다. 교토가 속해 있는 관서 지방은 재료의 맛을 최대한 살리기 위해 노력하고, 관동 지방은 재료의 맛을 강조하기 위해 조미를 하는 것을 요리의 기본으로 인식한다. 이 두 지역의 차이는 자연환경과 관련이 있다. 사방이 산으로 둘러싸인 분지인 교토는 구하기 어려운 생선보다는 채소를 사용하는 요리가 발달했다. 반면 바다에 인접한 도쿄는 항상 어패류와 생선이 풍부하다. 이런 이유로 교토는 채소와 소금으로 간을 한 생선 정식 요리, 도쿄는 선어를 이용한 스시 중심의 음식 문화가 발전했다. 개항 이후 환경의 변화도 교토와 도쿄 음식 문화에 영향을 미쳤다. 도쿄는 외국인의 취향에 맞춰 가볍고 간단한 음식을 만들었고, 외국의 영향을 덜 받는 교토는 전통적인 요리 방법을 고수했다. 교토 사람들은 음식 문화 이외의 다른 분야에서도 도쿄가 외국 문화에 '오염'되었다고 생각한다.

가이세키 요리는 전채前菜, 국물, 회, 조림, 구이, 국, 안주, 밥, 된장국, 일본 김치 등 보통 10가지로 구성된 코스 요리다. 내가 기온의 교료리 거리에서 맛본 가이세키 요리는 솔직히 한 번도 맛보지 못한 음식은 아니었다. 재료 맛에 충실하고 간이 싱거웠다는 점 외에는 음식 구성과 요리 방식이 예전의 서울에 많았던 전통 개성 한정식 식당의 음식과 비슷했다. 외국 사람들이 가이세키 요리에 감동하는 이유는 맛 외에도, 음식과 그릇의 모양 및 장식이 거의 예술품에 가깝기 때문이다.

한국 사람으로서 교료리의 맛과 분위기에 마냥 감탄만 할 수는 없었다. 일본 요리에 못지않은 한국 요리가 해외에서 그만큼 인정받지 못하는 것 같아 속상했다. 대학원 시절 지도교수의 사모님은 한국에 왔을 때 비빔밥, 잡채, 파전 등 한국 음식을 찾았지만, 사실 우리 음식보다 교토 음식을 더 좋아했다. 그분에게 가이세키 요리는 음식을 좋아하는 사람이라면 가격이 아무리 높더라도 반드시 경험해야 할, 일종의 성지 순례 코스였다.

기온의 교료리 거리

일본 요리사는 단순히 음식만을 팔지 않는다. 음식과 더불어 그에 따른 문화를 판매한다. 서양인에게 스시는 단순히 요리가 아니다. 만드는 과정, 음식을 내는 스타일, 먹는 방식, 식당 분위기, 종업원 복장 등을 통해 고객들에게 일본 문화를 총체적으로 경험할 기회를 준다.

이명박 정부는 뒤늦게나마 한식 세계화의 중요성을 인식했다. 하지만 나는 정부의 한식 세계화 정책이 성공하리라고 생각하지 않았다. 일부 고깃집을 제외하곤 우리나라에는 아쉽게도 고급 한식 문화가 없는데, 없는 것을 해외에 수출하려고 했기 때문이다. 예전에 고급 한식당의 역할을 한 한정식집은 1990년대 이후 '밥집'으로 전락했다. 우리는 일식, 양식, 중식에는 많은 돈을 쓰면서 한식에는 비싼 가격을 낼 만한 가치가 없다고 생각한다. 상황이 이렇다 보니 재능 있는 요리사는 한식을 피하고 다른 음식으로 전문성을 키우려고 한다.

교토에서 교료리는 고급 음식이다. 많은 교료리 식당이 일 인당 수십만 원이 넘는 세계 최고 수준의 가격을 요구한다. 교료리 성공의 토대는 교토가 최고라고 생각하는 요리사의 '교 정신'이다. 교료리는 탄탄한 국내 시장을 바탕으로 성장한 요리 산업으로서, 교료리의 지위는 세계적으로 인정받는다. 전 세계 식당의 점수를 매기는 잡지로 제일 권위 있고 신뢰도가 높다고 알려진 《미슐랭가이드》는 2013년에 무려 14개의 간사이 식당에 최고 등급인 별 셋을 부여했다. 《미슐랭가이드》의 본국인 프랑스에서도 별 셋을 받은 식당은 28개에 불과하다.

한식이 해외에서 성공하기 위해서는 중앙정부보다는 각 지역의 한식 요리사들이 직접 나서야 한다. 지역 문화와 전통에 대한 자부심이 가득한 교토 요리사처럼 한식 요리사도 자신이 사는 지역의 음식을 개발하고 이를 세계에 알려야 한다. 한식을 세계 최고의 음식이라고 여기는 국민의 공감대가 먼저 형성되어야 함은 말할 것도 없다.

교토 대학을 주축으로 한 산업 생태계

교토 태생 기업이 단순히 지역에 대한 자긍심만으로 교토에 머무는 것은 아니다. 교토의 산업 생태계 또한 지역 기업이 세계적 기업으로 성공한 후에도 여전히 고향에 남고 싶어 할 만한 환경을 제공한다. 대학, 학생, 학술 도시로 유명한 교토에는 교토 대학을 비롯해 대학이 36개나 모여 있고, 인구의 10퍼센트가 학생과 연구자다. 도시 풍토가 기술자, 연구자, 학자를 우대하여 예부터 많은 인재가 교토에 정착했다.

교토 대학 본관

우수한 지적 인프라는 기술개발 기능과 인재가 열세인 중소기업에 기술적인 정보와 자문을 쉽게 얻을 수 있는 환경을 제공한다. 교토 특유의 선후배 기업 관계는 기술, 정보, 인재가 대기업과 중소기업 사이에서 자유롭게 이동하는 상생 패러다임을 구축하는 데 기여한다.

교토 산업의 또 하나의 특징은 전통 산업과 첨단산업의 융합이다. 양준호 교수는 교토의 강점 중 하나로 전통 산업을 지적한다. 그동안 축적한 높은 수준의 자기, 직기 등의 전통 공예 기술이 기술 집약형 기업에 유리한 환경을 제공했다고 한다. 호리바제작소, 삼코, 무라타제작소, 롬 등의 첨단산업 기업은 성장 과정에서 지역적 전통과 기술 자원의 혜택을 많이 받았다.

정부와 기업의 긴밀한 협력도 산업 생태계의 장점이다. 교토 시는 '교토 시 벤처감정위원회'를 설립하여 창업 초기 단계를 집중적으로 지원한다. 사업가의 비즈니스 모델을 평가한 후 유망한 기업을 선별하여 자금을 제공한다. 교토 부도 산학협력 연구개발, 산학 공동 연구비 등을 지원한다.

지역 산업 생태계의 핵심 고리는 일본에서 가장 활발한 산학협력이다. 산학협력 생태계에서 대학은 기술 혁신과 인재 공급에 주도적 역할을 해왔다. 앞에서 소개한 시마즈제작소는 회사 창립 초기부터 교토 대학과 꾸준하게 산학협력을 추진했다. 많은 기업이 시마즈제작소의 경험을 본받아 산학협력을 핵심 전략으로 활용하고 있다.

산학협력 시스템의 중심에는 교토 대학이 있다. 이 대학은 산학협력을 위해 여러 부문에 기관을 설치하여 다각도에서 산업을 이끌고 있다. 교토벤처비즈니스연구소, iPS세포연구소, 국제융합창조센터는 교토 대학이 만든 기관이다. 대학에서 이뤄지는 우수한 연구는 선후배 학자들이 서로 네트워크를 유지해 함께 연구를 이어나가면서 진화하고 있다. 교토에 있는 연구자는 외국에 나간 동료, 선후배를 통해 연구 내용을 보완하고 수정하면서 학계의 발전을 꾀한다. 미국 국립보건원에는 300명의 일본인 연구원이 있는데, 그중 100명은 교토 대학과 협력 관계를 맺고 있다.

교토 대학은 교토가 자랑하는 최고의 교 브랜드다. 일본의 노벨상 수상자를 보면 알 수 있다. 일본은 지금까지 총 19명의 노벨상 수상자를 배출했는데, 그중 교토 대학 출신은 8명으로 도쿄 대학의 6명을 능가한다. 일본 최초 노벨상 수상자인 유카와 히데키(1949년 노벨물리학상)는 현재 교토 대학 이학부 교수다. 두 번째 노벨상 수상자도 교토 대학 출신 물리학자 도모나가 신이치로다. 교토 대학은 화학, 물리, 생리의학 등 자연과학 분야에서 우수한 연구 실적을 자랑한다. 최근에는 교토 대학 iPS세포연구소 소장인 야마나 신야가 2012년 노벨생리의학상을 받았다. "도쿄 대학은 관료를 배출하고 교토 대학은 연구자를 배출한다"는 말이 있다. 그만큼 교토 대학은 도쿄 대학에 뒤지지 않는 명문 대학이다.

내면의 힘을 길러주는 사색과 철학의 길

교토의 역사, 전통 행사, 벚꽃, 물 등은 수많은 예술 작품의 소재가 되어 살아 숨 쉰다. 일본 최초의 고전 작품인《겐지 이야기》의 무대인 노노미야 신사는 영화〈게이샤의 추억〉에도 등장했다. 일본 최초의 노벨문학상을 받은《설국》의 저자 가와바타 야스나리는 그의 소설《고도》에서 "고목이 된 단풍나무의 줄기에 제비꽃이 피어 있다"는 문장을 통해 교토가 가진 이중성, 즉 전통과 격식, 현대와 야생을 은유적으로 표현했다.

교토는 전통문화 유적을 세계 최고 수준으로 철저하게 보호하는 도시다. 그러나 교토의 진정한 저력은 내면에서 나온다. 교토는 일본의 대표적인 지식인 도시로서, 교토 사람들은 '철학의 길'을 관광 명소로 갖고 있을 정도로 사색을 즐긴다. 철학의 길은 교토의 유명한 철학자 니시타 카라로가 즐겨 걷던 산책로다. 이름과 달리 산책로 주변에는 이렇다 할 만큼 철학적으로 의미 있는 장소는 없다. 그래도 나는 긴카쿠지(은각사)에서 시작하는 철학의 길을 따라 헤이안신궁까지 걸으면서, 이렇게 지성을 기념하는 거리가 있는 것이 부러웠다.

인문학 배경 때문인지 교토는 일본 문단을 대표하는 작가를 많이 배출했다. 특이하게 '교토 작가'는 주류 장르에서 벗어난 판타지 소설 분야에서 독보적인 위치를 차지하고 있다. '교토의 천재'라고 불리는 모리미 포미히코는 교토 대학 재학 중에《태양의 탑》이라는 작품으로 일본 판타지 소설 대상을 받았다. 그는《밤은 짧아, 걸어 아가씨야》등의 소설에서 교토를 배경 도시로 묘사한다. 또 다른 교토 작가인 마키메 마나부

철학의 길

는 《로맨틱 교토, 판타스틱 호루모》에서 교토 젊은이의 일상과 밤 문화를 다뤘다.

교토는 내가 방문한 도시 중에서 중심도시와의 차별성을 가장 강조하는 도시였다. 많은 사람은 그 차별 정신을 교토의 반골 정신, 우월 정신으로 표현한다. 나는 이를 '교 문화'로 표현한다. 중심도시에 대한 경쟁심이 추상적으로 존재하는 것이 아니고 실제 생활에서 '교'라는 단어로 구현되기 때문이다.

이 도시는 또한 차별화된 라이프스타일이 어떻게 작은 도시에서 큰 기업을 만드는 데 기여하는지를 대단히 명확하게 보여준다. 교 문화로 무장한 교토 기업은 도쿄 기업에 이기려는 경쟁심을 갖고 있을 뿐만 아니라 해외 시장 개척, 창업 기업 지원, 지역사회 발전 기여 등의 구체적인 행동으로 중심도시와는 독립된 기업을 만들기 위해 노력한다.

Kyoto & Kyocera

● 교세라의 지역 기반 경영

교토의 '교 문화'에 기반한 경영 철학

도쿄 기업에 대한 경쟁심과 교 문화 도쿄가 19세기에 교토를 대신해서 일본의 중심지가 되었기 때문에 교토 사람은 전통적으로 도쿄를 경쟁과 견제 상대로 여긴다. 도쿄에 대한 경쟁심은 교토에 대한 애정과 자부심으로 표출되는데 그 결정체가 교토를 최고 도시로 생각하는 '교심' 또는 '교 문화'이다. '교토 세라믹'의 준말을 기업명으로 정한 교세라 역시 도쿄에 대한 교심이 뭉친 기업이며, 교토 기업 대부분은 도쿄 기업에는 질 수 없다는 오기를 가지고 있다.

'교' 브랜드 활용 이나모리 교세라 회장은 자서전에서 교토가 "역사가 깊고 전통적인 일본의 도시로 잘 알려진 터라 자체로 의미가 있다고 생각해서" 회사 이름에 '교' 자를 붙였다고 설명한다.

지역 기업 지원 문화

교 문화는 기업이 서로를 도와주는 상생의 산업 문화를 만들었다. 교세라를 포함한 교토의 대기업들은 지역의 창업 기업을 지원하는 오랜 전통을 가지고 있다. 창업을 하면서 많은 도움을 받은 기업들은 나중에 새롭게 창업한 기업들에게 투자하거나 도움이 될 만한 조언을 해주는 등 서로서로 도와주는 문화를 가지고 있다.

● 교토의 도시 문화 정책

교 문화의 정립과 활용

교토 거리를 거닐면 어디서나 마주치는 단어가 '교' 자다. 교토 사람은 스시를 비롯한 음식, 상품, 건물이나 장소 등 거의 모든 것에 교 자를 붙인다. 교료리, 교스시, 교야끼 (도자기)에 이어, 심지어 기온 거리의 허름한 여관도 교 브랜드를 내세운다.

전통과 현대의 융합 기반 조성

교토는 전통과 현대가 조화를 잘 이룬 곳이다. 교토에 보존된 수많은 문화유산에서 전통을 느낄 수 있다면 교세라와 같은 첨단 기업들에서는 현대를 느낄 수 있다. 교토인은 자신이 일본의 주인이며 일본 문화의 진정한 계승자이자 수호자라는 인식이 강하다. 전통문화 보존에도 많은 힘을 쓴 덕분에 '지붕 없는 박물관'이라고 불릴 만큼 세계적인 전통문화 자산을 다수 보유하고 있다.

산·학·정 협력 시스템 구축

인재가 모이는 도시 교토 기업은 세계적 기업으로 성공한 후에도 교토에 계속 남고 싶어 한다. 기술자, 연구자, 학자를 우대하는 도시 풍토 덕분에 예부터 많은 인재들이 교토에 정착했다. 그렇게 구축된 우수한 지적 인프라는 기술개발 기능과 인재가 열세인 중소기업에 기술적인 정보와 자문을 쉽게 얻을 수 있는 환경을 제공한다. 정부 역시 기업과 긴밀하게 협력하고 있다는 것이 또 하나의 장점이다. 교토 시는 '교토 시 벤처감정위원회'를 설립하여 창업 초기 단계를 집중적으로 지원한다.

교토 대학 중심의 산학협력 시스템 교토의 산학협력 시스템 중심에는 교토 대학이 있으며, 교토 대학은 산학협력을 위해 여러 부문에 기관을 설치하여 다각도에서 산업을 이끌고 있다. 산학협력 생태계에서 대학은 기술 혁신과 인재 공급에 주도적인 역할을 한다.

사색과 철학의 전통

교토는 첨단기술뿐만 아니라 인문학에서도 오랜 전통을 지녔다. 수많은 예술가와 작가가 교토에서 태어났고 교토를 배경으로 한 작품을 만들었다. 교토 작가는 특히 판타지 소설 분야에서 독보적인 위치를 차지한다. 교토는 또한 대표적인 지식인의 도시로서 '철학의 길'이라는 관광 명소가 존재할 만큼 사색 문화를 즐긴다.

10

가나자와와 가타니산교

★★★

역사와 전통을 문화 자원으로 활용한 창의 도시

작지만 강한 기업, 가타니산교

나의 오랜 버릇은 외국 여행을 갈 때, 비행기에서 밀린 영화를 보는 것이다. 몇 년 전 어느 여행길 위에서 일본 영화 〈제로포커스Zero Focus〉를 봤다. 영화는 한 여인이 결혼한 지 일주일 만에 출장을 떠나는 남편을 기차역에서 배웅하는 장면으로 시작했다. 남편은 얼마 지나지 않아 출장지에서 실종되고 부인은 남편을 찾아 나선다. 영화에서 남편이 사라진 도시가 바로 가나자와金沢였다. 이때부터 가나자와는 무언가 비밀을 간직한 신비로운 도시로 머릿속에 각인되었다.

늦은 여름에 가나자와를 방문한 나는 이 도시가 작은 규모임에도 큰 도시 부럽지 않은 문화 수준과 주거 환경을 가졌다는 사실에 놀랐다. 국제화 부문에서도 다른 일본 도시에 뒤지지 않았다. 가나자와 곳곳에서 스타벅스, 맥도널드 등 우리에게 익숙한 세계적 브랜드를 쉽게 찾을 수 있다. 시내에는 루이뷔통 매장을 포함한 많은 명품 가게가 모여 있는 '로데오 거리'가 있다. 미국에서도 웬만한 대도시가 아니면 보기 어려운 루이뷔통 매장이 가나자와에 있다는 사실이 놀라웠다. 외국인에게는 색다른 지역 문화 체험만큼이나 편리한 관광 인프라가 중요하다. 낯선 도시 가나자와에서 만난 친숙한 가게와 음식점이 반갑게 느껴졌다.

시내를 관광한 후, 여행의 목적지인 가타니산교를 찾아 나섰다. 가나자와 성에서 북쪽으로 똑바로 걸어 올라가면 아사노 강 대교를 만난다. 다리 입구에서 왼쪽을 바라보면 강변을 따라 나란히 서 있는 고풍스러운 목조 건물들이 보인다. 가나자와의 3대 차야(찻집) 거리 중 하나인 가즈에마치다. 가즈에마치 도로변에 있는 조그만 건물 중 하나가 내가 찾던 세계적인 금박 회사 가타니산교의 본사였다. 본사 건물은 동네 잡화점이 아닌가 생각하고 기웃거릴 정도로 평범했다. 미닫이문을 밀고 들어가면 기념품 가게가 나오고 그 너머에는 금박 공예품을 직접 만들어 볼 수 있는 금박 체험실이 있다. 점원에게 사무실은 어디냐고 물으니 계산대 옆의 문을 가리켰다. 살짝 열린 문을 통해 보이는 사무실에는 젊은 남자 직원들이 일하고 있었다. 가타니산교가 중소기업인 것은 알고 있었지만 이렇게 작은 회사인 줄은 몰랐다.

사람과 마찬가지로 기업도 외모로만 판단하면 안 되는 것 같다. 작아 보이지만 이래 봬도 가타니산교는 세계적 강소기업이다. 1899년에 창업

가타니산교 본사

한 이후 100년이 넘는 세월 동안 장수한 이 기업은 250여 명의 규모로
꾸준히 연 80억 엔의 매출을 올린다. 작은 고추가 맵다는 말을 이럴 때
쓰나 보다. 가타니산교는 세계에서 최고로 좋은 품질의 금박을 비롯해
은박, 알루미늄박, 전사박과 금은사를 생산한다.

　가타니산교는 작지만 강하고 빠르다. 수공업에 익숙했던 다른 금
박 제조업체에 앞서기 위해서 1940년대 후반에 기계화를 도입했다.
1950년대 후반에는 일본 경제의 불황으로 금박 수요가 감소하자, 전사
박 생산에 새로운 기술을 도입했다. 폴리에스테르 필름 등에 금속을 기
화시켜 얇게 입히는 증착법을 개발해 대량생산 시대를 연 것이다. 새로
운 기술의 도입은 가타니산교의 사업 분야를 전통 공예품 소재에서 산

업용 자재로 넓히는 전환점을 마련해주었다.

요즘 이 기민한 기업은 일반 소비자에게 더 가까이 다가가고자 생활용품에도 금박을 적용할 방법을 고민하고 있다. 전화카드, 실내장식용품, 전통주, 과자, 화장품 등 제품의 경계를 지우고 금박을 입히려는 가타니산교의 시계는 오늘도 쉬지 않고 돌아간다.

가타니산교에는 국가의 경계 역시 없다. 주요 고객은 세계적 기업인 소니, 마쓰시타전기, 샤프, 도요타, 삼성 등의 전자 업체를 비롯해 프랑스의 화장품 업체까지 다국적으로 퍼져 있다. 현재 가타니산교는 미국, 프랑스, 중국 광둥, 상해, 홍콩, 싱가포르, 말레이시아 등에서 판매를 담당하는 외국 지사를 운영한다.

문화적 자원을 내발적 발전에 활용한 가나자와

가나자와에는 가타니산교처럼 오랜 역사를 가진 금박 제조업체가 많다. 일본 전체 금박 생산량의 99퍼센트 이상이 가나자와에서 생산된다. 여기서 생산된 금박은 다른 지역 금박보다 월등하게 품질이 좋기로 정평이 나 있다. 고온다습한 여름, 좀처럼 영하로 내려가지 않으면서도 눈이 많이 내리는 겨울, 1300년 전통을 지닌 야시미로 온천 등이 보증하는 좋은 수질이 가나자와를 일본 금박 제조의 중심지로 만들었다.

금박 제조 공정을 소개하는 과정도 가나자와의 중요한 관광 자원이다. 금을 좋아하는 사람들은 화장품, 청주, 스시 등에 들어간 금박과 금가루를 무척 귀하게 생각한다. 사실 나는 금이 들어간 음식을 좋아하지 않는다. 금속을 먹는다는 생각을 떨쳐버릴 수가 없기 때문이다. 그래서 금가루가 들어간 음식이라면 아무리 고급 요리라고 해도 먹지 않는다. 어쨌든 개인적인 기호는 잠시 접어두고, 다시 금박 제조 공정에 집중해 보자. 금박 제조 과정을 체험할 수 있는 대표적인 장소는 히가시차야 옆에 있는 야수예금박공예관이다. 이곳에서 놀랄 만한 사실을 많이 배웠다. 금 1킬로그램으로 금박을 무려 2만 5000장을 만들 수 있다고 한다. 이는 제법 큰 빌딩도 금으로 도금할 수 있을 만큼 많은 분량이다.

금박 제조 과정은 생각보다 간단하다. 금을 롤러로 편 뒤 6센티미터 길이로 자르고 종이와 종이 사이에 1700장을 넣어 기계로 두드린다. 그러면 두께가 1000분의 1밀리미터에서 1만 분의 1밀리미터로 얇아진다. 이렇게 얇아진 금박을 종이에서 떼어낼 때 고도의 기술이 필요하다. 자칫하면 어렵게 만든 금박이 찢어질 수 있기 때문이다. 떼어낸 금박을 가로세로 약 10센티미터의 규격으로 잘라내는 것이 금박 제작의 마지막 공정이다.

금박 산업은 가나자와에서 오랜 전통을 가진 산업이다. 에도 시대 가나자와의 영주였던 마에다 가문이 18세기 전반에 타지의 금박 공예가를 초청하면서 금박 산업이 시작됐다. 메이지유신 이후, 타 지역의 금박 산업이 소멸하면서 가나자와는 일본 금박 산업의 중심지로 올라섰다.

가타니산교에서 가나자와는 단순히 본사가 있는 장소 이상의 의미를 지닌다. 가나자와는 기업 정체성의 일부다. 금박 판매로 얻는 수익이 회사 전체 매출의 20퍼센트에 불과하지만 가타니산교의 뿌리는 금박 산업이다. 서영아와 천광암의 저서 《믿음을 팔아라》에서 가타니산교의 회장인 가타니 하치로蚊谷八郎가 금박 생산에 가진 애정을 엿볼 수 있다. 그는 "아무리 시대가 바뀌어도 우리 회사의 뿌리는 금박 제조다. 가나자와 본사를 고집하는 것도 이곳에 우리의 뿌리가 있기 때문이다"라고 말했다.

다른 가나자와 기업들도 가타니산교와 마찬가지로 지역사회에 남다른 애정을 품고 있다. 가나자와에는 일본의 '마치즈쿠르(지역 가꾸기)' 전통이 유난히 강하다. 지역 기업과 일반 시민이 동참하는 '도시경관 트러스트' 운동이 좋은 사례다. 1980년대 도시 개발에 소외된 오와리 거리가 쇠퇴하자 여러 지역 기업들이 '노점·문학·로망의 마을운동 동우회'를 결성하여 가나자와의 모습을 보존하는 거리 부흥 운동을 시작했다.

전통문화 보호에 대한 가나자와의 의지도 남다르다. 1962년 일본 정부가 '신新산업 도시건설계획'을 발표하여 가나자와를 신산업 도시로 지정하려고 했을 때, 가나자와의 경제 지도자들은 "일본의 안방이라고 할 수 있는 가나자와에 굴뚝에서 검은 연기를 내뿜는 공장은 어울리지 않는다"라는 이유로 이를 반대했다.

가나자와는 공예 산업과 중소기업을 중심으로 발전한 도시다. 중소기업의 점유율이 99.7퍼센트에 이를 정도로 가나자와의 주요 사업장은 모두 중소기업이다. 가나자와 기업들은 지역 고유의 문화에서 지역 경제가 발전할 수 있다는 신념으로 가나자와를 창조 도시로 발전시킨 주역이다. 1957년에 설립된 가나자와 경제동우회는 도시의 전통 공예, 음식, 문화 등을 계승하고 도시경관을 보존하는 것이 지역 경제 발전의 토대

야수예 금박공예관

가 된다고 주장해 왔다.

가나자와의 기간산업이 섬유와 기계에 집중되어 있을 때도, 이 지역 기업인들은 주요 고객을 에도 시대의 경관이 잘 보존된 가나자와에 초대해서 비즈니스를 논의했다고 한다. 오래전부터 도시 문화를 마케팅 전략으로 활용한 것이다. 고향의 고유성을 소중하게 여기는 기업인들은 지금도 정부 및 학계와 함께 가나자와 창조도시회의, 가나자와학회를 구성하여 가나자와의 발전을 위해 노력한다.

지역 경제학자인 미야모토 켄이치 교수는 가나자와를 '내발적 발전'의 대표적 사례로 소개한다. 내발적 발전이란 외부에 의존하지 않고 지역의 기술, 산업, 문화 등의 자원과 인재를 중심으로 지역 스스로 성장하는 것을 말한다. 지역이 가진 전통과 비교우위를 살려 유기적인 지역 산업 구조를 만들고, 지역 산업에서 얻은 이익을 다시 지역에 투자하는 선순환 구조가 중요하다. 내발적 발전 덕분에 가나자와는 대규모 공업 단지를 유치하지 않아도 되었고, 아름다운 자연경관과 고즈넉한 도시 양식을 즐길 수 있는 도시가 되었다.

가나자와 경제의 또 다른 매력은 대학, 박물관, 자료관 등의 방대한 문화 자원이 지역 산업으로 연결된 점이다. 가나자와는 문화적 집적을 통해 문화 산업을 발전시키고 있다. 수준 높고 다양한 연구개발 기관, 공예와 장인 정신, 그리고 지속적인 혁신이 가나자와 문화 산업의 키워드다. 문화적 집적이 산업으로 연결되기는 말처럼 쉬운 것이 아니다. 가나자와가 어떻게 문화 자원을 축적해왔는지를 이해하기 위해서는 에도 시대로 돌아가야 한다.

마에다 가문의 문치주의가 남긴 영향

가나자와는 뚜렷한 사계절과 풍부한 강수량으로 벼농사가 발달해 술과 과자 분야의 특산품이 많다. 다도의 발달은 자연스럽게 일본 전통 과자의 발달로 이어졌다. 가나자와는 일본의 3대 과자 생산지 중 하나다. 화과자는 1600년대부터 생산해 왔다고 하니, 도시의 역사와 함께 이어져 왔다고 해도 과언이 아니다. 600년의 역사를 자랑하는 일본 전통극인 '노能'는 가나자와를 300년간 지배한 마에다 가문의 사랑을 받은 까닭에 유독 잘 보존되었다고 한다. 무용, 극, 시, 음악이 어우러진 세계 최고의 무대 예술인 '노'의 존재만으로도 가나자와의 품격이 높아진다.

격조 높은 카가 요리가 발달한 가나자와는 맛의 도시이기도 하다. 가나자와의 카가 요리는 도쿄의 아카사카, 교토의 기온과 함께 일본의 3대 가이세키 요리로 손꼽힌다. 가나자와가 자랑하는 세계적 가이세키 식당이 제니아다. 호텔 안내원에게 예약을 부탁하자, 제니아는 몇 달 전에 예약해야 갈 수 있는 식당이라는 답이 돌아왔다. 제니아는 한국에 분점을 둔 유일한 일본 가이세키 음식점이다. 서울 청담동에 있는 '쥬안'이 제니아가 한국 파트너와 공동으로 운영하는 정통 가이세키 식당이다. 제니아의 2대 사장인 다타기 신이치로 사장은 세계적인 스타 요리사다. 신이치로 사장은 일본 황실 관계자, 유명 정치인, 기업 경영자 등 제니아를 방문한 수많은 일본 및 세계의 유명 인사들과 친분 관계를 유지하고 있다.

가나자와가 문화 도시로 발전한 데에는 에도 시대 마에다 가문의 문치주의文治主義가 결정적인 역할을 했다. 마에다 가문은 전국에서 학자, 명인을 초빙하여 학술, 공예, 예능을 장려하고 보급했다. 에도 시대에 가나자와는 풍부한 수자원과 비옥한 토지를 바탕으로 일본의 5대 경제 중심지 중 하나였다. 이러한 경제적 풍요가 학술과 예술 진흥의 물적 토대가 됐다. 마에다 가문은 에도나 교토의 인재를 초빙하여 기술을 전수받고 새로운 기술을 개발했을 뿐만 아니라 기술개발을 위해 다양한 교육기관도 설립했다.

문예 증진에 대한 마에다 가문의 동기가 순수하지만은 않았다. 에도 시대에 부유한 지역 중 하나인 가나자와를 지배하고 있었기에 마에다 가문은 항상 중앙의 도쿠가와 막부를 위협하는 존재였다. 도쿠가와 막

가나자와 성

부는 지역 유력 가문의 자녀를 에도에 살게 하거나 경쟁 관계에 있는 지역을 상호 경계하게 하는 등 다양한 방식으로 지역의 유력 가문을 감시했다. 이런 환경에서 마에다 가문은 군사력 강화에 무심한 모습을 보여야 했다. 그래서 중앙에 군사적으로 도전할 의사가 없음을 보이기 위해 문치주의를 선택한 것이다.

시내 중심에 있는 가나자와 성에서 마에다 가문은 가가 번(가나자와 주변 지역)을 지배했다. 가나자와 성은 메이지유신 이후 몇 차례 수난을 겪었다. 일본 군부가 제2차 세계대전 당시 성을 군사령부로 사용했고 전후에는 가나자와 대학 캠퍼스로 사용됐다. 1989년 가나자와 대학이 교외로 이전한 후에야 성 복구 작업이 시작되었고, 덕분에 지금은 과거에 위용을 뽐내던 가나자와 성의 일부를 볼 수 있게 됐다.

복원된 가나자와 성 앞에는 일본 3대 정원 중 하나인 겐로쿠엔兼六園이 있다. 마에다 가문이 오랫동안 가꾼 공간이다. 1874년부터 대중에 개방된 겐로쿠엔의 유명한 다리를 건너면 가나자와 성의 정문이 나온다. 정문은 가나자와 성에 속한 건물 중에서 유일하게 원형을 유지하면서 자리를 지킨 건물이다. 제1관문을 통과하면 사방이 성벽으로 둘러싸인 공터가 나오고 그 오른쪽에 성 안으로 들어가는 제2관문이 있다. 제2관문을 통과하면 비로소 거대한 성 안의 풍경이 눈앞에 펼쳐진다. 엄청난 규모의 성은 과거 마에다 가문의 위용을 짐작하게 한다.

모두를 예술가로 만드는 문화 도시의 진면목

에도 시대와 메이지유신 이후 지금까지 계속되는 지역 리더들의 아낌없는 문화 지원은 가나자와 정체성 형성에 중요한 토대가 되었다. 에도 시대에 가나자와 영주는 무사 문화를 확립시키는 동시에 미술공예와 학술을 장려하여 가나자와가 교토, 도쿄와 함께 에도 문화의 중심지가 되도록 힘썼다. 고유 사상, 미술공예, 전통문화, 음식 문화 등 다양한 분야의 문화예술을 중시하며 나아가 인재 정착에도 지원을 아끼지 않았다. 가나자와는 현재 자신만의 고유한 브랜드를 개발하기 위해 매일 노력하고 있다.

가나자와의 400년 도시 역사와 전통은 문화 자원을 활용한 산업을 통해 도시 활성화에 기여했다. 가나자와 문화가 시민의 라이프스타일에 흡수된다면 도시의 문화적 정체성은 더욱 오래갈 것이다. 가나자와 시 주요 정책 담당자는 전통문화가 새로운 문화와 결합하여 현대적 전통으로 재탄생하는 것과 더불어 문화예술이 시민의 생활에 스며드는 것이 중요하다고 지적한다. 이를 위해서 가나자와는 전략적으로 문화예술 시설을 만들었다. 우타츠야마공예공방, 시민예술촌, 21세기현대미술관이 대표적인 문화 공간이다.

우타츠야마공예공방은 1989년 가나자와 시제 시행 100주년 기념으로 설립됐다. 이곳에서 학생과 시민은 시민 공방 프로그램과 공예 교실 등에 참여하여 문화 체험을 할 수 있다. 공방 연수 프로그램이 특히 인상 깊다. 31명의 국내외 연수생은 도자기, 칠기, 염색, 금속공예, 유리공예 분야에서 3년간 연수를 받는다. 연수생 대부분은 외지 출신이지만, 교육 과정을 수료한 이후에는 외국 유학이나 가나자와 시내에서의 화방 또는 개인 공방 창업 비용을 지원받을 수 있다. 이들 중 절반 정도는 가나자와에 정착한다고 한다. 창업 비용뿐만 아니라 일본과 외국의 공예 인재 간 아이디어 교환, 협업, 그리고 꾸준한 전시 기회도 연수생들이 가나자와에 정착하게 하는 요소이다. 공예에 대한 높은 관심과 이해도를 지닌 가나자와 시민은 공예 작품의 좋은 소비자가 되므로 가나자와는 예술가들이 정착하기에 무척 매력적인 환경이다.

예술에 대한 높은 안목을 가진 가나자와 시민은 문화예술을 스스로 즐기는 데 무척 익숙하다. 문화예술을 즐긴다는 말에는 그림, 연극, 공연을 보고 듣는 것으로만 그치지 않고 스스로 창작하고 공유한다는 의미가 담겨 있다. 가나자와 시에서 모두를 예술가로 만드는 공간이 바로 가

21세기 현대미술관

나자와 시민예술촌이다. 원래 1919년에 설립된 방적 공장이었던 이곳은 섬유 산업의 쇠퇴와 함께 1993년에 문을 닫았다. 가나자와 시는 이 공장을 인수해 시민의 문화 공간으로 재탄생시켰다. 시민예술촌에서 가나자와 시민은 1시간에 2000원이라는 저렴한 비용으로 9만 7000제곱미터의 넓은 공간을 연중무휴, 하루 24시간 동안 즐길 수 있다. 삭막했던 방적 공장이 음향과 조명 등 전문 설비를 갖추고 음악, 연극, 미술 등의 창작 활동 공간으로 다시 태어난 것이다. 가나자와 시민은 각자가 감독이 되어 다양한 예술 활동 연습과 발표를 함으로써 시민예술촌 운영을 주도한다. 시 전체 인구 45만 명 중 한 해 25만 명의 시민이 이용한다니, 청년과 중장년층 대부분이 시민예술촌의 '촌인'인 셈이다.

가나자와 미술계의 중심지는 21세기현대미술관이다. 2004년 10월에 개관한 21세기현대미술관은 현대 문화를 대표하는 공간이다. 시민이 쉽게 접근할 수 있는 공원처럼 꾸며져 있으며 120개의 통유리로 이뤄진 외관을 통해 외부 전경을 360도로 볼 수 있게끔 설계됐다. '정원처럼 들어가기 쉬운 미술관'은 전시, 도서관, 강의실, 키즈 스튜디오로 구성돼 있다. 시민은 미술관 안내, 어린이 프로그램 보조, 전시 기획 등을 통해 미술관 프로그램에 참여할 수 있다.

학술 도시의 단면을 보여주는 이시카와근대문학관

가나자와는 일본에서 유명한 문학 도시이기도 하다. 시내에는 이시카와

근대문학관을 비롯해 가나자와 3대 문호로 불리는 도쿠다 슈세이, 이즈미 교카, 무로 사이세이 기념관이 세워져 있다. 이시카와근대문학관은 가나자와의 학술과 문화를 상징하는 공간이다. 가나자와 3대 문호 외에도 수십 명이 넘는 가나자와 출신의 근현대 소설가, 시인, 사상가를 기념한다. 가나자와의 문학 전통은 지금도 계속된다. 이즈미 교카상을 통해 요시모토 바나나, 유미리 같은 인기 소설가를 발굴하고 있다.

미술공예 분야에는 가나자와 출신 인간문화재나 예술원 회원이 많다. 인물화로 유명한 다카미쓰 기즈야를 비롯해 마쓰다 곤로쿠, 우오즈미 이라쿠, 기무라 우잔 등이 가나자와 출신이다. 도자기, 칠기, 금공, 염색, 목공예, 죽공예 같은 전통 공예 분야에서 수많은 인재를 배출한 도시가 바로 가나자와다. 문화예술계 인재를 육성하는 기관은 일본에서 손꼽히는 명문 미술대학인 시립미술공예대학이다.

이시카와근대문학관 단지 안의 제4고등학교 기념관

가나자와는 에도 시대부터 학문으로 유명했다. 전국에서 책을 모아 소장했기 때문에 많은 책을 가진 도시라는 뜻으로 '서부書府'라고 불리었다. 가나자와는 메이지유신 이후에도 인재 도시의 지위를 유지했다. 메이지 정부는 현대식 인재 육성을 위해 일본 전역에 5개의 공립 고등학교를 설립했는데, 그중 제4고등학교를 가나자와에 세웠다.

제4고등학교의 옛 본관이 현재 이시카와 근대문학관으로 사용되는 건물이다. 제4고등학교의 많은 졸업생이 가나자와의 작가와 사상가가 되었다. 빨간 벽돌로 지어진 유서 깊은 건축물인 이곳에서 가나자와를 문학과 인재의 도시로 만든 제4고등학교 졸업생들의 발자취를 더듬을 수 있다.

'작은 교토'의 가능성과 한계

일본 전통문화를 일상생활에서 손쉽게 체험할 수 있고, 일본 사람이 가장 좋아하는 도시로 자주 손꼽히는 가나자와. 그 명성 때문인지 연간 700만 명의 관광객이 가나자와를 방문한다. 가나자와는 시민뿐만 아니라 관광객 역시 가나자와 문화, 라이프스타일을 경험하고 즐기기를 원한다. 가나자와 관광 상품인 전통공예관광Craft Tourism 프로그램은 가나자와의 과거와 현재를 보고 배울 수 있는 알찬 재미를 제공한다. 이 관광프로그램은 가가유젠, 가나자와 구타니, 가나자와 박, 가나자와 칠기, 가나자와 불단, 가가 자수, 오히야키, 가가 상감, 도라, 차노유 가마, 동나무

공예, 가가 미즈히키 세공, 가가 게바리, 후타마타 와시, 가가 데마리 등 전통 공예와 현대 공예를 함께 체험할 수 있도록 구성됐다. 가나자와 전통이 현대적 공예로 재탄생한 모습을 보여주고자 하는 것이 이 관광의 의도다.

일본을 공부하는 외국인에게도 가나자와는 중요한 교육 장소다. 미국 최고 대학의 하나인 프린스턴 대학은 매년 50여 명의 대학생을 가나자와로 보내 6주간 집중적으로 일본 언어와 일본학을 교육한다. 아무것도 없어 보이는 시골 마을 가나자와는 전통문화의 힘만으로 세계적인 대학의 학생을 유치한다. 이러한 전통문화의 힘을 제대로 이해하기는 쉽지 않다. 나만 해도 10년 전에 가나자와 이야기를 들었다면 아마 믿지 않았을 것이다. 왜 프린스턴 대학이 도쿄가 아닌 가나자와에 학생을 파견하느냐고 반문했을지도 모른다.

가나자와를 떠나기 전에 전통문화의 중심지를 다시 찾고 싶었다. 아사노 강 대교를 놓고 가타니산교의 본사가 있는 가즈에마치의 대각선 방향에 있는 지역이 히가시차야다. 가즈에마치와 마찬가지로 일본 전통 가옥이 밀집한 지역이지만 주택이 많은 가즈에마치와 달리 히가시차야는 상업 지역이다. 히가시차야에서 가장 많은 상점은 금박 공예 상점이다. 그중에서 가게 내부의 정원에 벽면 전체를 금박으로 도배한 전통 가옥을 전시한 '백좌'라는 가게가 인상적이었다.

가나자와의 별명은 '작은 교토'이다. 가나자와에는 히가시차야와 가즈에마치처럼 교토에서 볼 수 있는 찻집 거리가 많다. 찻집 거리 주변에는 잘 보존된 전통 일본 가옥도 많아서 영화 촬영지로도 유명하다. 〈게

히가시차야 거리

이샤의 추억〉, 〈마이코 한Maiko Haaaan〉 등 교토를 배경으로 만들어진 많은 영화가 실제로는 이곳, 가나자와에서 촬영됐다.

'작은 교토'는 가나자와의 정체성을 보이는 동시에 이 도시의 한계를 말해준다. 많은 사람이 가나자와를 교토와 비슷하고 교토만큼 전통문화가 잘 보존된 도시로 기억한다. 그러나 교토와 다른, 교토보다 더 매력 있는 도시로 기억하는 사람은 많지 않은 것 같다. '성공한' 작은 도시인 가나자와에 너무 가혹한 요구를 하는지도 모르겠지만, 가나자와가 일본을 대표할 만한 기업을 배출하지 못한 것은 사실이다. 물론 금박 산업도 중요하긴 하지만, 일본 경제를 견인할 만한 규모의 산업은 아직 이곳에서 등장하지 않았다.

에도 시대에 중앙정부의 견제에 맞서 가나자와는 정치 세력화라는 '직진' 대신 중앙정부와 대립하지 않는 선에서 살아남으려고 문화 진흥을 택했다. 중앙과 거리를 두었기 때문에 지금의 문화를 이룩할 수 있었지만, 한편으로는 지나치게 문화예술에 편중된 도시가 되었다. 가나자와가 교토처럼 '중앙'이 되고자 했다면 일본을 대표할 만한 기업이 나왔을지도 모른다. 만약 '작은 교토'가 상징하는 가나자와의 소극성이 가나자와를 제약한다면, 지금이라도 새롭고 차별적인 문화 정체성을 찾아야 하는 게 아닐까? 가나자와는 욕심을 조금 더 부려야 할 것 같다.

Kanazawa & katani

● 가나자와 기업의 지역 기반 경영

지역 전통 산업과 장인 정신 승계

금박 산업은 가나자와에서 오랜 전통을 가진 산업이다. 에도 시대 가나자와의 영주였던 마에다 가문이 18세기 전반에 타지의 금박 공예가를 초청하면서 금박 산업이 시작됐다. 메이지유신 이후, 타 지역의 금박 산업이 소멸하면서 가나자와는 일본 금박 산업의 중심지로 올라섰다. 가나자와에서 생산된 금박은 다른 지역 금박보다 월등하게 품질이 좋기로 정평이 나 있다. 고온다습한 여름, 좀처럼 영하로 내려가지 않으면서도 눈이 많이 내리는 겨울, 1300년 전통을 지닌 야시미로 온천 등이 보증하는 좋은 수질이 가나자와를 일본 금박 제조의 중심지로 만들었다. 현재 가나자와의 전통 산업으로 이어져온 금박 제조를 이끄는 강소기업이 가타니산교이다. 가타니 하치로 회장은 "아무리 시대가 바뀌어도 우리 회사의 뿌리는 금박 제조다. 가나자와 본사를 고집하는 것도 이곳에 우리의 뿌리가 있기 때문이다"라며 가나자와의 가치를 강조했다.

지역사회에 대한 남다른 애정

다른 가나자와 기업들도 가타니산교와 마찬가지로 지역사회에 남다른 애정을 품고 있다. 가나자와에는 일본의 '마치즈쿠르(지역 가꾸기)' 전통이 유난히 강하다. 지역 기업과 일반 시민이 동참하는 '도시경관 트러스트' 운동이 좋은 사례다. 1980년대 도시 개발에 소외된 오와리 거리가 쇠퇴하자 여러 지역 기업들이 '노점·문학·로망의 마을운동 동우회'를 결성하여 가나자와의 모습을 보존하는 거리 부흥 운동을 시작했다.

● 가나자와의 도시 문화 정책

공예 산업 등 전통산업 지원과 육성

가나자와에서는 금박 제조 과정을 소개하고 체험하는 야수예금박공예관이 있다. 금박 제조 공정을 소개하는 과정도 가나자와의 중요한 관광 자원 중 하나이다. 우타츠야마공예공방은 1989년 가나자와 시제 시행 100주년 기념으로 설립됐다. 이곳에서 학생과 시민은 시민 공방 프로그램과 공예 교실 등에 참여하여 문화 체험을 할 수 있다. 공예 연수 프로그램도 운영하고 있다. 연수생 대부분은 외지 출신이지만, 교육 과정을 수료한 이후에는 외국 유학이나 가나자와 시내에서의 화방 또는 개인 공방 창업 비용을 지원받을 수 있다.

문치주의, 학술 증진 등 도시 전통에 기반을 둔 도시 발전 정책

문화예술 자원과 창의 도시 가나자와의 400년 도시 역사와 전통은 문화 자원을 활용한 산업을 통해 도시의 활성화에 기여했다. 21세기현대미술관, 시립미술공예대학 등은 가나자와의 전통문화가 새로운 문화와 결합되어 현대적 전통으로 재탄생한 대표적인 공간이다. 유네스코는 2009년에 가나자와를 공예와 민족예술 분야의 창의 도시로 지정했다.

시민예술촌 예술에 대한 높은 안목을 가지고 있는 가나자와 시민은 문화 예술을 스스로 즐기는 데 익숙한 사람들이다. 가나자와 시는 시민예술촌을 만들어 시민이 예술 활동을 체험하고 참여하는 공간을 제공한다.

이시카와근대문학관 이시카와근대문학관은 가나자와의 학술과 문화를 상징하는 공간이다. 가나자와 3대 문호 외에도 수십 명이 넘는 가나자와 출신의 소설가, 시인, 사상가를 기념한다. 가나자와는 에도 시대부터 학문으로 유명했다. '많은 책을 가진 도시'라는 뜻의 서부로 불리었을 정도다. 메이지 정부는 현대식 인재 육성을 위해 일본 전역에 5개의 공립 고등학교를 설립했는데, 그중 제4고를 가나자와에 세웠다. 현재 제4고의 옛 본관은 이사카와근대문학관으로 사용되는 건물이며, 이곳 졸업생들은 가나자와의 작가와 사상가가 되었다.

부록

작은 도시 큰 기업을
꿈꾸는 캔버라와 세종시

일러두기

저자가 방문한 열한 번째 도시 캔버라는 연구소와 라이프스타일로 새로운 지역 산업을 키우기 위해 노력하는 계획도시이다. 아직 캔버라에는 도시를 대표할 만한 큰 기업이 없다. 공공기관과 연계된 사업이 지역 경제를 떠받치는 근간이다. 저자는 우리나라의 계획도시 세종시가 캔버라처럼 '공무원의 도시'가 될 것을 근심한다. 하지만 캔버라는 다른 도시와 차별화된 라이프스타일의 중요성을 알고 있으며, 현재 이를 구축하기 위해 노력하고 있다. 세종시가 캔버라에서 배울 점과 버릴 점은 무엇인지, 이를 부록에서 다루었다.

캔버라와 세종시

도시 정체성을 구축하려고
노력하는 계획도시

문화, 관광, 역사의 도시

캔버라는 시드니에서 남동쪽으로 약 300킬로미터 떨어져 있으며 인구 약 40만 정도가 사는 작은 도시이다. 캔버라 시민은 이곳이 호주 내륙에서 가장 큰 도시라고 홍보한다. 실제로 호주의 주요 도시가 바닷가에 있다 보니, 내륙에는 캔버라만 한 크기의 도시가 없다.

2000년도 중반 캔버라에 처음 방문할 때 호주에 사는 친구들에게 캔버라에서 무엇을 하면 좋겠냐고 물어보았더니, 다들 그곳에선 할 일이나 구경할 게 별로 없다고 했다. 캔버라가 '심심한 도시'라고 들어서인지, 나는 호주로 출장 갈 일이 있을 때면 제일 먼저 시드니에 들를 생각

벌리그리핀 호수와 멀리 보이는 국립미술관

부터 했다. 시드니에서 하루라도 지낼 수 있으면 캔버라 출장도 즐거운 마음으로 기다릴 수 있지만, 그렇지 않을 때면 그저 일이 되어버렸다. 시드니 공항에서 비행기를 갈아탈 번거로움을 생각하면 은근히 짜증도 났다. 2013년 가을, 캔버라를 다시 방문할 기회가 생겼다. 한창 도시와 기업의 관계에 대한 글을 준비할 때여서 여느 때와는 다른 새로운 관점으로 캔버라를 관찰할 수 있었던 여행이다.

캔버라는 1930년대 이후 행정 수도로 발전한 도시다. 우리나라의 세종시와 비슷한 배경을 가진 도시다. 현재 우리나라의 많은 사람이 세종시의 미래에 관심을 두고, 세종시가 독립적인 경제 기반을 갖춘 도시로 성장할 수 있을지를 궁금해 한다. 세종시보다 100년 먼저 행정 수도로 출발한 캔버라의 역사에서 세종시의 가능성을 엿볼 수 있을 것 같다.

캔버라는 호주의 수도이자 계획도시다. 왜 호주가 캔버라를 수도로 선정했을까? 영국 식민지 시절에 호주는 한 나라가 아니었다. 현 6개 주는 당시 각각 독립적인 식민지로 운영되었다. 1901년에 이 6개의 식민지를 호주 연방으로 통합하기로 결정한 후, 수도 선정 작업이 시작됐다. 멜버른과 시드니가 수도 유치를 놓고 치열하게 경쟁했지만, 1908년 호주 정부는 두 도시의 중간 지점에 있는 캔버라를 수도로 정해버렸다.

솔직히 말하자면, 브라질이 내륙 개발을 목표로 브라질리아를 수도로 개발했듯 호주 역시 좀 더 명확한 이유로 캔버라를 수도로 선정했으리라고 생각했다. 그러나 우리나라가 세종시를 행정 수도로 선택할 때와 비슷하게 정치적인 이유로 수도가 선정되었다. 캔버라는 지역 갈등을 조정하고 국민을 통합하는 과정에서 어부지리로 수도가 되는 행운을 잡았다. 굳이 말하자면 지역 통합이 캔버라 건설의 명분이다.

캔버라라는 이름도 수도 선정 당시에 붙여진 것인데, 원주민 말로 '만남의 장소'를 뜻한다고 한다. 캔버라는 처음부터 계획된 도시였다. 거친 황무지였던 이 지역은 1927년부터 10년 동안 계속된 대대적인 수도 건설 사업 끝에 지금과 같은 모습을 갖추었다. 미국 시카고 출신의 세계적인 건축가인 월터 벌리 그리핀Walter Burley Griffin이 캔버라를 설계했다. 당시 유행했던 정원 도시 운동의 영향을 받은 그는 캔버라를 주변 자연 환경을 그대로 살린 자연 도시로 설계했다.

캔버라에서 유명한 관광지는 도시 중심의 벌리그리핀 호수 주변에 모두 모여 있다. 도시의 중요한 랜드마크인 이 호수의 이름은 도시 설계자의 이름에서 따왔다. 그가 도시 곳곳에 산책로를 만든 덕분에 굳이 자동차를 타지 않아도 호숫가에 줄지어 자리 잡은 주요 관광지를 방문할 수 있다.

벌리그리핀 호수 주변에서 최고로 인기 있는 관광지는 전쟁박물관이다. 국회의사당 맞은편에 있는 이 상징적인 박물관은 규모와 전시 내용으로 따졌을 때 세계적인 전쟁박물관으로 알려졌다. 박물관 내부에는 1850년대부터 호주가 참가한 전쟁의 역사와 유물이 전시되어 있으며, 입구에는 세상을 떠난 군인 10만여 명의 명복을 기리는 문구가 있다. 흥미로운 점은 호주가 본토에서 단 한 차례도 전쟁을 겪지 않은 나라라는 사실이다. 박물관에 전시된 모든 자료는 호주가 파병한 외국 전쟁에 관한 것이다. 전쟁박물관이 국회에서 잘 보이는 곳에 자리를 잡고 끊임없이 추모객을 맞이하는 것을 보며, 짧은 역사임에도 호주가 경쟁력 있는 나라로 성장한 배경을 짐작할 수 있었다.

　국립미술관도 사람들이 많이 찾는 곳이다. 호주에서 제일 큰 이 미술관은 비록 유럽과 미국의 유명 미술관보다는 규모가 작지만, 우리에게 익숙한 미술가의 작품을 시대별로 골고루 전시하고 있다. 세잔, 모네, 피카소, 마티스 등의 작품을 비롯해 1970년대 초반에 야심차게 구매한 잭슨 폴록의 작품까지, 10만 점 이상의 작품을 무료로 전시한다. 호주 국립미술관은 특히 호주 원주민과 관련된 미술품을 세계에서 제일 많이 소장한 것으로 유명하다. 세계에서 가장 오래된 문화적 역사를 자랑하는 만큼 전시된 원주민 미술품들도 흥미로웠다. 또한 호주 출신 작가들의 작품도 많이 전시되어 있다. 관광객들에게는 호주의 유명 화가인 톰 로버츠, 아서 스트리턴, 시드니 놀란의 작품이 특히 인기 있다. 나의 관심을 끈 작품들은 호주 작가들의 풍경화였다. 조그만 건물 몇 개가 해변에 세워진 시드니의 초기 풍경을 그린 작품이 기억에 남았다.

　방문했을 무렵 현대 대중미술의 대가 로이 릭턴스타인Roy Lichtenstein의 특별전이 열리고 있었다. 미국 팝아트의 대표적인 작가인 그는 저급 문화로 알려졌던 만화를 회화에 도입한 것으로 유명하다. 밝은 색채와 단순한 형태, 뚜렷한 윤곽선, 기계적 작업으로 만들어진 점(벤데이 점 Benday Dot) 등 뚜렷한 작품 세계를 가지고 있다. 그의 이름을 모르는 사람조차도 그의 작품은 한눈에 구별해낼 수 있을 것이다. 우리나라 젊은 이들도 〈행복한 눈물Happy Tears〉 등 그의 유명 작품이 새겨진 티셔츠를 입고 돌아다녔다.

　지금까지 캔버라의 대표 관광지들을 간단히 둘러보았으니, 이제 캔버라의 문화와 기업을 찾아 나설 시간이다. 나는 도시 분위기를 체험하기 위해 도심의 상업 지역을 먼저 찾아갔다.

● 잘 정돈된 계획도시의 생활환경

캔버라는 여러 면에서 살기 좋은 도시다. 비교적 사계절이 뚜렷하고 연평균기온이 섭씨 13도로 사람이 살기에 알맞은 기후이다. 여름은 섭씨 40도에 근접할 정도로 무덥지만, 습도가 낮아 저녁이 되면 선선해진다. 도시 주변의 산과 강을 잘 보전하고 도시를 정원처럼 조성했기 때문에 다른 어느 도시보다 매력적인 자연환경을 자랑한다. 자연환경과 기후가 좋은 덕분에 이곳 시민은 야외 활동을 많이 즐긴다.

안정된 경제 기반을 가진 캔버라는 앞으로도 발전할 가능성이 높은 도시다. 연방정부가 안정된 고용을 제공하는 덕택에 캔버라는 실업률이 낮고, 평균 소득과 부동산 가격이 다른 도시보다 높은 편이다. 대학과 정부 연구소가 많이 모여 있어 역동적인 라이프스타일을 선호하고, 젊은 전문직 인재가 많이 사는 도시이기도 하다.

생활환경도 활기차 보였다. 캔버라센터Canberra Center를 중심으로 한 도심 상권은 대도시 못지않게 규모가 커 보였을 뿐만 아니라, 실제로도 대도시에서 볼 수 있는 유명 브랜드 상점이 가득했다. 캔버라는 호주에서 인구 대비 식당의 비율이 높은 도시라서 도심과 교외에 많은 음식점과 카페가 있다. 도심 가까이에 있는 브래던Braddon 거리는 카페, 바, 빈

캔버라센터

티지 상점이 많고 젊은 사람들이 모이는 곳이다. 말하자면 이곳이 캔버라의 보헤미안 구역인 셈이다. 와인도 이 도시 문화의 중요한 부분을 차지한다. 캔버라는 비록 호주의 다른 지역보다 규모는 작지만, 품질이 높은 와인을 생산한다. 하지만 캔버라는 왠지 모르게 가라앉은 분위기를 풍긴다. 캔버런(Canberran, 캔버라 사람)은 서두르지 않고 여유 있게 행동하며 조용한 성격을 가진 사람들로 알려졌듯 정열, 흥분 등은 캔버라나 캔버런에게 어울리는 단어가 아니었다.

지나치게 깨끗하고 정돈이 잘된 도시경관은 오히려 개성 없는 도시처럼 비치는 구석이 있다. 시드니 같은 대도시에 사는 사람은 캔버라의 무미건조한 사무실 건물, 그라피티가 없는 깨끗한 벽, 로터리와 광장이 바둑판처럼 짜인 도로망을 보며 지루하고 생기 없는 도시라고 비웃는다.

캔버라의 더 큰 고민은 독립적인 사업 기반의 부재다. 캔버라 고용 인구의 40퍼센트가 공무원일 정도로 도시 경제는 연방정부에 절대적으로 의존한다. 민간 기업들도 대부분 정부를 상대로 사업하는 기업이다. 호주 정부는 오랫동안 캔버라를 연방정부 외에 다양한 민간 기관과 기업이 지역 경제를 이끄는 도시로 만들기 위해 노력했다. 우리나라가 행정 도시를 세우며 그곳이 자칫 '공무원만의 도시'가 되지 않을까를 우려한 것과 같은 맥락이다. 흔히 도시가 발전하려면 대학이 필요하다는 이야기를 한다. 호주 역시 대학과 연구기관 유치로 도시의 독립적 경제 기반을 구축하고자 했다. 호주 정부가 도시 경제의 다변화를 위해 캔버라에 설립한 대학은 호주국립대학교ANU: Australian National University이다.

호주국립대학교에 거는 기대

새로운 도시에 좋은 대학을 유치하면 어떤 일이 생길까? 대학 유치로 기대하는 효과는 인구 증가만이 아니다. 인구가 늘 뿐만 아니라 새로운 기업 유치와 산업 개발에 따라 고용과 생산도 저절로 증가한다. 즉 도시 경제가 활성화된다.

호주국립대학교는 1946년 호주 연방의회의 법령에 따라 대학원 연구와 학문 강화를 위해 호주 유일의 연구 대학으로 설립되었다. 대학과 연구기관 유치는 공공서비스 도시였던 캔버라가 교육과 연구의 도시로 자리 잡게 하는 기반이 되었다. 그 후 학부 과정이 추가되면서 학교 인구는 약 2만 명으로 증가했고, 호주 학생은 물론 세계 각지에서 찾아온 유학생들이 도시에 활력을 불어넣었다.

이 대학은 매년 세계 대학 순위에서 최상위권 대학으로 선정된다. 2011년 노벨물리학상을 받은 브라이언 슈밋 교수를 포함하여 총 5명의 노벨상 수상자를 배출했다. 호주 대학으로는 유일하게 영국 케임브리지, 옥스퍼드, 미국 버클리, 예일 등이 참여하는 세계연구중심대학협회 International Alliance of Research Universities 회원이다. 또한, 호주의 최고 명문 대학답게 케빈 러드 수상, 밥 호크 수상 등 호주 사회의 수많은 지도자를 배출했다.

그렇다면 호주국립대학은 지역사회가 기대했던 것만큼 지역 경제에 기여하고 있을까? 아쉽게도 그렇지 못한 것 같다. 대학 주변에는 미국의 실리콘밸리나 오스틴에서 볼 수 있는 대학 중심의 첨단기술 산업이

호주국립대학교 캠퍼스

형성되어 있지 않았다. 산학협력을 통해 설립한 벤처 기업은 있지만, 그 중 국가적으로 주목받는 기업은 찾기 어려웠다. 대학이 배출하는 인재 대부분은 캔버라에 남지 않고 취업을 위해 멜버른이나 시드니 같은 대도시로 떠났다. 물론 호주국립대학이 노력하지 않는 것은 아니다. '혁신 ANU^Innovation ANU' 시스템을 만들어 대학과 기업, 대학과 정부 기관의 협력을 적극 유도하고 있다. 지역사회에 기여하지 않는다는 평판도 어떻게 보면 공정하지 않다. 캔버라에 소규모로 형성되어 있는 첨단산업에서 일하는 인재 대부분이 호주국립대학 출신이기 때문이다.

국가 차원의 인재를 교육하는 이 대학이 지역 경제를 견인하는 인재를 육성하지 못하는 이유가 무엇일까? 대학의 정체성 문제일 가능성이 크다. 연구 중심 대학으로 시작한 호주국립대학은 전통적으로 학문적 연구에 강한 대학이기 때문에 산학협력에 소극적일 수 있다. 사실 응용과학이나 비즈니스 분야에서는 호주국립대학보다 시드니 대학 등 대도시의 유명 대학들이 두각을 나타내고 있다. 국립대학인 것도 지역에 관한 관심을 제약하는 요인이다. 아마도 대학 구성원 대부분은 모교를 캔버라 지역에 국한된 대학으로 생각하지 않을 것이다.

기존 산업 시설의 부재도 문제다. 호주국립대학의 내 친구들에게 산학협력의 부진에 대해 질문하면, 그들은 캔버라에는 연방정부만 있기 때문에 의미 있는 산학협력이 어렵다고 대답한다. 한마디로 캔버라에는 대학과 협력할 수 있는 기업이 없다. 왜 캔버라에는 큰 기업이 없을까? 캔버라 지역의 기업 상황을 더 자세히 알아보기 위해 캔버라 외곽에 있는 한적한 주택가의 상공회의소를 방문하기로 했다.

캔버라 상공회의소

민간 경제 활성화를 꿈꾸는 캔버라 상공회의소

캔버라는 외부에 내세울 만한 산업이 없는 도시다. 행정 도시로 시작했기 때문에 처음부터 제조업을 육성할 계획이 없었다. 이 도시의 산업은 서비스 산업이 대부분이다. 전국 규모의 기업이 있다면, 연방정부에 서비스를 제공하는 회계 법인이나 IT 기업이다. 나머지 서비스 산업은 캔버라 지역 상권에서 활동하는 중소상인 업체들이다.

캔버라 상공회의소를 이끄는 사람은 앤드루 블리스Andrew Blyth 사무총장이다. 국회 보좌관 출신으로 정부와 민간 분야에서 다양한 경력을 쌓은 인재다. 2013년 5월 상공회의소 사무총장으로 취임하기 전 2년 동안 정부 장학금으로 미국 오스틴에서 정부와 기업 간 관계를 연구했다.

캔버라를 방문했던 2013년 가을의 상공회의소 분위기는 어수선했다. 9월에 집권한 토니 애벗Tony Abbott 수상의 보수야당연합 정부가 발표한 대규모 예산 감축 계획으로 캔버라 경제에 먹구름이 드리웠기 때문이다. 보수당 정부는 전통적으로 '큰 정부'의 상징인 캔버라에 우호적이지 않다. 애벗 수상이 자신은 시드니에서 일하는 것을 선호한다고 공개적으로 발언할 정도다.

지역 경제에 대한 우려에도 블리스 사무총장은 캔버라에 대한 원대한 포부를 피력했다. 그는 캔버라를 정부가 아닌 민간 기업이 주도하고 중소기업과 소상공인이 성공하는 도시로 만들고 싶어 했다. 민간 부분Private Sector과 중소기업이 그가 꿈꾸는 캔버라 미래의 키워드다.

기업 이익을 대표하는 상공회의소의 대표답게 블리스 사무총장도 기업 환경을 강조했다. 기업을 운영하기 좋은 도시로 만들기 위해서는 세금 감면, 규제 완화, 인프라 투자 등 캔버라 정부가 더욱 '기업 친화적인Business Friendly' 정책을 추진하는 것이 중요하고 말했다. 전원도시와 행정 도시로 개발한 캔버라는 다른 도시보다 개발과 기업 활동에 대한 규제가 다양하고 엄격하다고 한다.

독립적인 산업 기반을 구축하기 위해서는 기존 기업에 대한 지원도 중요하지만 새로운 산업과 기업을 유치하는 것 또한 필수적이다. 블리스 사무총장은 삼성전자를 유치한 오스틴의 예를 들며 캔버라도 다른 도시와 같이 세계적 기업의 투자를 유치하는 시스템을 구축해야 한다고 강조했다. 유치 기업에 제공할 재정 지원을 늘려야만 다른 도시와 경쟁할 수 있다는 것이다.

바람직한 지역 경제 발전 전략은 자체적인 혁신 시스템을 구축하는 것이다. 블리스 사무총장도 캔버라가 자체적으로 '큰 기업'을 키우는 것이 중요하다고 생각한다. 그래서 주 정부, 텍사스주립대학, 산업연구컨소시엄 등을 중심으로 첨단연구 산업을 육성한 오스틴을 지향해야 할 도시 모델로 삼고 있다고 말했다.

캔버라는 오스틴과 비슷한 도시다. 오스틴도 캔버라처럼 정부와 대학 중심으로 성장했다. 둘 다 계획도시인 탓에 외관마저 비슷하다. 도시를 남북으로 나누는 중앙의 큰 호수도 공통점이고 둘 다 아열대성 기후를 가진 덕분에 나무와 풀 모양도 비슷해 보였다. 그러나 오스틴과 달리 캔버라는 기업가 정신이 활발하지 않다. 블리스 사무총장에 의하면, 캔버라 기업은 대부분 연방정부의 지출에 의존하기 때문에 연방정부 정책 이외에는 큰 관심이 없다고 한다. 사정이 이렇다 보니 캔버라 상공회의소도 그동안 독립적인 산업과 기업을 지원하기보다는 연방정부의 지원을 늘리기 위한 로비 활동이나, 외부 대기업을 캔버라로 유치하는 업무에 집중해 왔다고 한다.

오스틴과 캔버라가 유사한 점이 많은 만큼, 캔버라가 마음먹기에 따라 오스틴과 같은 도시로 발전하는 것은 시간문제일 수도 있다. 그러나 그렇게 결론을 내리기 전에 캔버라에 독립적인 라이프스타일이 존재하는지, 그렇다면 그것이 얼마나 매력적인지를 확인하고 싶었다.

캔버라만의 라이프스타일을 만들려고 노력하는 포처스웨이

호주 부동산협회는 각 도시에서 '도시를 살리자Make My City Work'라는 캠페인을 벌이고 있다. 이 협회가 도시의 성공 요소로서 주택, 일자리, 기반 시설, 지속 가능성과 더불어 라이프스타일을 강조한 것이 참신하다. 부동산협회의 캔버라 홈페이지에는 캔버라 라이프스타일에 대한 한 시민의 의견이 올라왔다.

"호주의 수도로서 캔버라는 다른 도시와는 다른 삶의 방식과 문화를 만들어 왔다. 우리는 공간감, 여유로운 라이프스타일 그리고 공공 기관 일자리가 만든 경제적 혜택을 즐긴다. 그러나 우리는 미래에 어떤 모습의 캔버라를 원하는가? 캔버라는 계속해서 같은 방식으로 성장할 수 있는가? 캔버라는 공공 기관이 뒷받침하는 경제를 계속하여 유지할 수

포처스웨이 운동을 시작한 포처스팬트리 식당

있는가? 현재 캔버라는 중대한 문제들에 직면하고 있으며 우리는 이 문제들을 해결하기 시작해야 한다. 우리는 새로운 계획을 설립하고 이 계획을 실행해야 한다. 캔버라를 큰 아이디어Big Ideas의 도시로 만들 시간이 되었다."

캔버라에서 새로운 라이프스타일을 개척하는 사람들도 늘고 있다. 카페, 식당, 와이너리, 제과점, 호텔 등을 운영하는 소상인들이 '포처스웨이Poachers Way'라는 조합을 만들어 캔버라 라이프스타일을 만들고자 노력한다. '건강한 삶을 살자Live-Life-Well'라는 슬로건은 독특한 음식, 와인, 그리고 예술 경험을 만들어낸 열정적이고 창의적인 조합원들의 철학을 잘 담아낸다. 포처스웨이 구성원의 대부분은 새로운 라이프스타일을 위해 그들의 직장, 거처 그리고 삶을 변화시켜 왔다. 구성원들은 대도시, 주식 시장, 다국적 기업에서 벗어나 그들이 추구하는 새로운 라이프스타일을 캔버라와 주변 마을에서 찾는다.

캔버라에서 북서쪽으로 한 시간 떨어진 조용한 마을에 포처스웨이 운동을 시작한 포처스팬트리Porachers Pantry 식당이 있다. 여기서 만든 훈제 고기는 호주 전역의 고급 식당에 공급된다. 방문객은 가게에서 훈제 상품을 직접 살 수 있고 여유가 있는 사람은 카페에서 훈제 고기로 요리한 음식을 맛볼 수 있다. 가게는 큰 도로에서 4~5킬로미터 들어간 외진 곳에 있어 길을 찾기가 쉽지 않았다. 내가 가게에 도착했을 때는 영업 종료 시각인 오후 5시를 훌쩍 넘겨 아쉽게도 음식을 맛보진 못했다.

포처스웨이의 활동은 아름답고 중요한 운동임에는 틀림이 없다. 우리나라의 작은 도시에서도 철학을 공유하는 소상인들이 모여 포처스웨이와 같은 새로운 네트워크를 많이 만들기를 희망한다. 하지만 어떻게 보면 포처스웨이는 캔버라 주변에서 영업하는 가게와 상점을 모은 네트워크에 불과하다. 캔버라에 다른 도시에서 찾을 수 없는 라이프스타일이 있다고 주장하려면 포처스웨이보다는 더 큰 아이디어가 필요하다고 생각한다.

캔버라는 자연환경, 교육, 삶의 질 면에서 '큰 기업이 있는 작은 도시'로 도약할 수 있는 물질적 조건을 갖췄다. 아직은 뚜렷하고 차별적인 라이프스타일을 만들지 못했지만 도시 지도자들이 라이프스타일의 중요성을 이해하고 이를 개척하기 위해 노력하는 모습이 상당히 고무적이다. 개성 있는 라이프스타일을 구축함으로써 시드니와 멜버른으로 떠나는 지역 인재를 붙들고, 이들을 위해 좋은 기업 환경과 혁신 생태계를 만드는 것이 이 도시의 숙제다.

캔버라와 워싱턴의 유사점과 한계

우리나라 정부 기관들이 세종시로 이전하기 시작하면서 세종시의 미래에 관한 관심도 높아졌다. 과연 세종시도 캔버라 같은 도시로 성장할 수 있을까? 현재의 캔버라는 세종시 사람들이 부러워할 만한 도시다. 캔버라 시민은 아름다운 환경, 호주 최고 수준의 초·중·고등학교, 호주가 자랑하는 국립대학 등 세종시 시민에겐 청사진으로만 존재하는 환경과 시설을 이미 갖추고 있다. 세종시에 사는 내 친구들은 완전히 정착할 엄두는 못 내고 다른 지역의 직장에 가기 위해 매일 4시간을 통근버스에서 허비한다. 당연히 이들보다, 무료한 주말이면 시드니로 떠나는 캔버런들이 더 행복한 사람들이다. 하지만 세종시가 장기적으로 지향해야 할 도시로 캔버라가 적합한지에 대해서는 확신이 서지 않는다. 이 도시에서 '큰 기업을 가진 작은 도시'의 성격을 찾지 못했기 때문이다. 일부 지도자의 노력과 미래의 잠재력을 고려하더라도, 캔버라는 앞으로도 상당 기간 연방정부 예산에 절대적으로 의존하는 종속된 도시로 유지될 가능성이 높다.

캔버라를 떠나는 날, 남쪽 국회의사당에서 바라본 도심은 부러울 정도로 아름다웠다. 호수, 공원, 나무, 건축물들이 도로 및 광장과 함께 균형 있게 배열되어 있다. 문득 캔버라가 미국의 수도 워싱턴 D.C.와도 무척 닮았다는 생각이 들었다. 미국인이 설계한 도시이니 그리 놀랄 만한 일이 아닐 것이다.

워싱턴은 국회의사당과 링컨 기념관을 연결하는 남북 축, 그리고 내셔널몰 광장과 알링턴 국립묘지로 이어지는 동서 축으로 설계되었다. 동서 축 가운데 흐르는 포토맥 강 주변에 내셔널몰의 기념관들을 배치했다. 캔버라의 남북 축은 국회의사당에서 버논서클로 이어지는 도로다. 국립미술관, 국립도서관, 국립박물관 등 캔버라의 대표적인 기념 건축물들이 남북 축 중간에 건설한 벌리그리핀 호수의 양쪽에 자리를 잡고 있다. 그래서 캔버라 국회의사당에서 바라본 호숫가 건물들이 알링턴 국립묘지에서 바라보는 내셔널몰을 연상하게 하는 것이다.

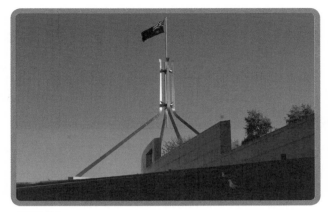

국회의사당

워싱턴과 캔버라는 외관만 닮은 것일까? 미국 의회는 1790년 워싱턴 지역을 수도 부지로 지정하고 1880년 처음으로 국회 본회의를 새로운 수도에서 열었다. 그 후 210년 넘게 워싱턴은 미국의 수도로 기능했다. 그렇다면 오랜 역사를 가진 워싱턴은 내가 기대하는 '큰 기업을 가진 작은 도시'인가?

《포춘》의 2012년 자료를 보면 미국의 500대 기업 중 20개 대기업의 본사가 북부 버지니아와 메릴랜드를 포함한 워싱턴 수도권에 자리 잡고 있다. 그중 3개의 기업은 워싱턴 D.C. 시내에서 본사를 운영한다. 대기업 숫자만 보면 워싱턴의 산업과 기업 기반은 어느 정도 탄탄해 보인다. 그러나 메리어트호텔 등 한두 회사를 제외하곤 워싱턴 지역의 대기업들은 모두 연방정부와 거래하는 군수, 의료, IT 업체이거나 프레디맥, 패니메이, 펩코와 같은 공기업 혹은 공익사업 기업이다. 이 지역 대기업 중에서 연방정부와 독립된 기업은 찾아보기 어렵다. 이들 중 상당수가 최근에 워싱턴 지역으로 본사를 옮겼다. 창업 문화의 부재도 워싱턴의 독립적인 산업 기반을 의심하게 한다. 아무리 생각해도 워싱턴에서 시작해서 세계적인 기업으로 성장한 기업, 특히 지역의 라이프스타일을 접목한 기업은 머리에 떠오르지 않는다.

고등학교와 대학교에 다니느라 7년을 함께한 워싱턴은 붉은 벽돌의 타운 하우스, 원시림 같은 포토맥 강가의 숲, 마구간을 갖춘 교외의 저택 등으로 장식된 고풍스러운 버지니아 풍경을 가진 도시다. 나는 워싱턴에 살면서 그 도시에서 느낄 수 있는 안정감과 풍요로움, 또는 모범생 같은 중상층의 라이프스타일을 자랑스럽게 생각했다. 돌이켜보면 학자나 관료가 되고 싶어 했던 내게 최상의 환경을 제공한 도시였다. 그렇지만 워싱턴은 예술, 대중문화, 창업, 기업가 정신과는 거리가 먼 도시다. 워싱턴에서 시작해 대중문화의 유행이 된 것이 무엇인지 떠올릴 수 없을 만큼, 미국 문화에서 워싱턴의 위상은 미미하다. 조지타운, 조지워싱턴, 아메리칸 대학 등 좋은 대학이 많은데도 불구하고 예술 분야의 유명한 프로그램도, 젊은이들이 많이 모일 만한 문화 지역도 없다. 워싱턴에서 굳이 독특한 라이프스타일을 찾자면 모든 사람이 오락으로 여길 정도로 정치를 즐기는 모습 정도이다.

나는 세종시가 캔버라, 그리고 워싱턴을 능가하는 도시로 발전하길 기원한다. 세종시는 대전, 울산, 포항과 더불어 우리나라에서 매력적인 도시 문화를 만들 수 있는 물리적 조건을 갖춘 몇 안 되는 도시다. 캔버라 같은 전원도시, 워싱턴 같은 정치를 즐기는 도시가 아니라, 차별화된 라이프스타일로 새로운 기업과 산업을 꿈꾸는 인재를 끌어모으는 도시로 성장하길 바란다.

매력적인 라이프스타일을 모색하기 위해서는 중심도시와는 다른 라이프스타일을 추구하는 것부터 시작해야 한다. 새로운 라이프스타일을 구축하는 것에 대해 지나치게 복잡하게 생각할 필요는 없다. 세종시는 다행히 교육, 여가 문화, 일과 직장의 균형 등에서 다양한 실험을 할 수 있는 곳이다. 예컨대 우리가 조금만 노력하면 세종시를 맞벌이 부부가 가장 살고 싶어하는 도시로 만들 수 있다. 만약 세종시가 새로운 문화로 '큰 기업을 가진 작은 도시'가 된다면 세계 계획도시 역사에서 뛰어난 과업을 달성한 최초의 도시가 될 것이다.

| 에 | 필 | 로 | 그 |

·

성공한 작은 도시의
4가지 조건

·

　이제 나의 여행을 정리할 시점이다. 내가 찾아간 도시가 중요한 이유는 작은 규모임에도 큰 기업을 배출했기 때문이다. 그러한 도시를 만들기 위해 고심하는 우리는 이들 도시에서 '성공한 작은 도시 만들기'의 공식을 찾고 싶어 한다. 그런데 과연 그런 공식이 있을까? 내가 방문한 도시들이 현재 새로운 기업이 많이 창업하는 도시라면, 창업 도시의 일반적인 조건을 도출할 수 있을지도 모른다. 하지만 이미 알다시피, 모두가 활발한 창업 도시는 아니다. 브베와 같은 도시는 100여 년 전에 설립된 네슬레가 자리를 지키는 도시지, 팰로앨토처럼 새로운 기업을 계속 만드는 도시가 아니다. 그러나 성공한 작은 도시가 모두 큰 기업을 만들고 지키는 도시이므로 이들 도시의 창의적 배경에 대한 체계적인 논의는 시도할 만하다고 생각한다. 그 출발점은 이들 도시에서 발견할 수 있는 공통점에 있다.

나는 성공한 작은 도시의 전략을 중심에 놓고 그 공통점을 다음과 같이 정리한다.

라이프스타일

나는 큰 기업을 가진 작은 도시에서 그 도시만의 라이프스타일을 찾았다. 시애틀의 여가와 카페 문화, 브베의 단순한 삶, 포틀랜드의 새로움과 자유로움, 교토의 교 문화 등 성공한 작은 도시는 다른 도시에서는 경험할 수도, 찾을 수도 없는 매력적인 라이프스타일로 경쟁한다. 라이프스타일은 작은 도시의 성공에서 핵심적인 요소다.

이제 우리의 도시도 라이프스타일로 경쟁할 때가 되었다. 다른 도시의 라이프스타일을 추종하는 기존 방식을 고수해서는 결코 성공한 작은 도시를 만들 수 없다. 우리는 이미 라이프스타일에 따라 살고 싶은 도시를 결정한다. 앞으로 이러한 경향은 더욱 두드러질 것이다. 매력적인 라이프스타일을 제공하지 않는 도시는 큰 기업을 창업할 자본과 인재를 유치할 수 없다. 물론 성공한 작은 도시는 라이프스타일뿐만 아니라 외부 인재에 대한 개방성과 기업의 세계화 부분에서도 다른 도시와 다른 면모를 보여준다. 그래서 나는 개방성과 세계화를 작은 도시의 성공 조건으로 추가하고 싶다.

개방성

나의 여정에 있던 도시는 예외 없이 외부 인재와 문화에 개방적이다. 뉴욕 출신의 스타벅스 경영인 하워드 슐츠가 성공한 시애틀, 가나자와가 고향인 이나모리 가즈오가 교세라를 세운 교토, 전 세계에서 온 인재가 억만장자를 꿈꾸는 팰로앨토, 실리콘밸리 기업과 인재가 몰리는 오스틴 등 다른 지역에서 온 인재의 성공이 이들 도시의 개방성을 증명한다.

개방성은 특히 상대적으로 작은 도시에서 더욱 중요한 요소다. 중심 도시는 가만히 있어도 자본과 인재가 모이지만 작은 도시는 다르다. 지리적으로 큰 도시와 떨어져 있고 전통과 인간관계를 중요시하므로, 자칫 외부 인재에 폐쇄적인 도시가 되기 쉽다. 그러므로 작은 도시는 모든 시민이 함께 나서서 개방적인 도시를 만들기 위해 적극 노력해야 한다. 개방적 도시 브랜드를 채택해 홍보하는 것이 효과적인 방법일 수 있다.

세계화

세계화 또한 작은 도시의 필수 전략이다. 내가 방문한 작은 도시의 기업은 국내 시장에서 중심도시의 기업과 경쟁하기 어려운 탓에 외국으로 진출하는 데 적극적이었다. 세계 시장에서는 중심도시 기업이든 작은 도시 기업이든 동일한 조건에서 경쟁한다.

작은 도시를 찾아다니며 만난 사람들과 나눈 이야기에서 내게 깊은 인상을 남긴 말은 중심도시에 대한 네슬레 H 부사장의 말이었다. "우리에게 스위스 시장이 중요하면 취리히로 본사를 옮길 수도 있겠지요. 그러나 우리는 세계 시장에서 경쟁하는 회사입니다. 국제공항에서 가까운 도시면 본사가 있을 도시로서 충분합니다."

기업가 정신

차별화된 라이프스타일, 개방성, 세계화, 이 3가지는 성공한 작은 도시의 공통점이다. 우리나라 도시의 입장에선 이런 조건이 도시의 노력으로 이룰 수 있고, 도시가 선택할 수 있는 성격의 조건이라는 사실이 다행스러운 일이다. 그러나 이러한 성공 조건을 만들기 위해서는 리더가 필요하다.

우리는 팰로앨토, 오스틴, 시애틀, 교토에서 프레드 터만, 조지 코즈메스키, 하워드 슐츠, 이나모리 가즈오 등 창업 도시의 성공 조건을 만들어낸 지도자를 만났다. 이들 지도자는 모두 정부가 아닌 민간 지도자다. 민간 지도자답게 자신의 기업을 만들 때 발휘한 기업가 정신으로 자신의 도시 역시 성공한 창업 도시로 만들었다.

우리나라 도시가 큰 기업을 배출하는 성공한 도시가 되려면, '기업가 정신Entrepreneurship으로 매력적인 도시 라이프스타일Lifestyle을 구축하고, 개방적Openness이며 세계화Globalization에 적극적인 도시'를 만들어야 한다. 나는 이 4가지 조건을 'E-LOG'로 표현하고 싶다.

큰 기업을 유치하거나 새로운 기업이 창업하는 일은 단순히 작은 도시만의 문제가 아니다. 중심도시와 대도시도 상대적으로 낙후된 내부 지역을 개발하기 위해 노력한다. 작은 도시 문제가 큰 도시에도 존재하는 것이다. E-LOG의 핵심 사업은 도시 라이프스타일 개발이다. 지역정부는 지역 문화와 특성을 활용한 지역 브랜드 개발, 전통문화 보호와 지원, 문화 시설과 산업 유치, 도시 공간의 질적 향상을 위한 도시 편의시설 개선 등 다양한 문화 사업으로 도시 라이프스타일을 개선할 수 있다. 하지만 이에 앞서 이 책이 소개한 작은 도시는 생각의 전환만으로도 차별적인 라이프스타일을 만들 수 있음을 보여준다. 성공한 작은 도시의 라이프스타일은 주어진 환경이 만들어낸 독특한 삶의 방식과 가치관이다. 이들 도시와 마찬가지로 우리나라 도시도 지역 고유의 가치와 문화를 계승하거나 현대 문화에 맞춰 독특한 라이프스타일을 만들 수 있다.

중앙정부가 도시의 E-LOG 프로젝트에 적극 개입하는 것은 바람직하지 않다. 중앙정부는 지역 기업의 외국 진출, 지역 대학의 인재 육성 지원 등 지역정부의 E-LOG 노력을 간접적으로 지원하는 제한적인 역할에 만족해야 한다. E-LOG 프로젝트의 성패는 궁극적으로 지역 지도자와 주민의 기업가 정신에 달렸기 때문이다.

중앙정부가 꼭 해야 할 일이 있다면 초·중·고등학교에서 지역 정체성 교육을 강화하는 것, 더 정확하게 표현하면 지역정부의 지역 교육을 허용하는 것이다. 나는 우리나라도 학교 교육을 통해 지역 문화 정체성을 확립해야 할 시점에 이르렀다고 생각한다. 그동안 우리 교육은 국민 통합을 위한 민족주의 교육을 강조했으나, 이제는 세계화, 다문화, 개인 창의성 발현, 지역 분권 등 시대적 요구에 맞게 다양한 문화 정체성 교육을 시행해야 한다. 초등학교 사회 과목에서 지역 교육을 확대하고, 중학교와 고등학교에서는 지역 교육을 독립 과목으로 채택하는 것을 고려해야 한다.

대한민국의 미래에 대한 나의 이상은 큰 기업을 배출하는 도시가 많은 나라다. 나는 창업 도시의 전제 조건이 매력적인 도시 라이프스타일이라고 생각한다. 우리나라에서 다양하고 매력적인 라이프스타일을 가진 도시가 늘어난다면 이들 도시의 경쟁이 다수의 창업 도시를 만들 것으로 확신한다. 지금까지의 이야기를 한 문장으로 정리하면서 이 글을 마무리하고자 한다.

　"도시 라이프스타일이 우리 경제의 미래다."

1 하워드 슐츠·조앤 고든, 안진환·장세현 옮김,《온워드Onward》, 8.0, 2011.

2 하워드 슐츠, 홍순명 옮김,《스타벅스 커피 한잔에 담긴 성공신화》, 김영사, 1999.

3 유진우,〈애플 제치고 세계 혁신 1위 나이키…… 뒤쫓는 아디다스〉,《조선비즈》, 2013년 2월 18일.

4 www.walkscore.com.

5 트레이시 카바쇼, 서종기 옮김,《열정으로 시작해 꿈이 된 기업 나이키 이야기》, 라이온북스, 2011.

6 월터 아이작슨, 안진환 옮김,《스티브 잡스》, 민음사, 2011.

7 "Major Grocer to Label Foods With Gene-Modified Content", *New York Times,* March 3, 2013.

8 "Best Places for Business and Careers", *Forbes*, 2013.

9 "While others left the small towns for bigger cities, IKEA Stayed. Almhult has always been and will always be the heart of IKEA", http://www.ikea. com.

10 "The IKEA culture is hard to describe but easy to embrace. It's a culture of enthusiasm, togetherness and will-power, born from our roots in southern Sweden and inspired by the IKEA founder, Ingvar Kamprad.", http://www.ikea.com.

11 뤼디거 융블루트, 배인섭 옮김,《이케아, 불편을 팔다》, 미래의 창, 2013.

12 "From picturesque fishing villages to endless forests in Sweden, nature plays an important role in everyday life. At the same time, Swedish society is known for being open, innovative, caring and authentic. Yes, things are a little different in Sweden!", http://www.ikea.com.

13 Johan Stenebo, *The Truth About IKEA: How IKEA Built Its Global Funiture Brand*, Gibson Square Books Ltd, 2010.

14 노현식·이정선,《맨유에게 배워라》, 중앙북스, 2007.

15 니코스 카잔차키스, 이종인 옮김,《영국 기행》, 열린책들, 2008.

16 http://www.marketingmanchester.com.

17 "Centre for Cities Says Economic Gap with London Widening", BBC News, 2014. 1. 27.

18 찰리 채플린, 류현 옮김,《찰리 채플린, 나의 자서전》, 김영사, 2007.

| 참 | 고 | 문 | 헌 |

구미화, 〈윈윈 넘어 윈6으로…… 자본주의 체질 바꾸기 실험〉, 《신동아》, 2013. 9.

김미란, 〈전쟁과 함께 역동의 역사를 써내려온 네슬레〉, 《시사매거진》, 2010. 5. 20.

김봉석, 〈비와 안개의 도시…… 몽환적 영화 배경 '안성맞춤'〉, 《스카이뉴스》 288호,
    2011. 6. 11.

노현식·이정선, 《맨유에게 배워라》, 중앙북스, 2007.

니코스 카잔차키스, 《영국 기행》, 이종인 옮김, 열린책들, 2008.

뤼디거 융블루트, 배인섭 옮김, 《이케아 불편을 팔다》, 미래의창, 2006.

민상식, 〈英맨체스터 공항, 직원에 사투리 교육〉, 《헤럴드경제》, 2011. 12. 27.

박홍수, 〈아일랜드 기근이 '하나님의 심판'이라던 영국 위정자들〉, 《프레시안》, 2013.
    7. 28.

사사키 마사유키, 정원창 옮김, 《창조하는 도시》, 소화, 2004.

송복·이대환 외 3명, 《청암 박태준 연구 총서》, 아시아, 2012.

신혁수, 〈에어버스냐 보잉이냐, 보잉이냐 에어버스냐!〉, 《월간항공》 통권 202호,
    2006.

쓰에마쓰 지히로, 우경봉 옮김, 《교토식 경영》, 아라크네, 2008.

양준호, 〈교토는 어떻게 강소기업 메카됐나〉, 《디지털타임스》, 2013. 2. 15.

양준호, 《교토 기업의 글로벌 경쟁력: 기업과 지역의 새로운 모델을 찾아서》, 삼성경
    제연구소, 2008.

양희영, 〈프랑스 혁명 초기의 툴루즈: 삼부회의소집과 구체제 시 정부에 대한 도전〉,
    《프랑스사연구》 제11호, 2004.

에벌린 클락, 서정아 옮김, 《기업을 변화시키는 스토리텔링의 힘 이야기 경영》, 연암
    사, 2008.

엘렌 루이스, 이기홍 옮김,《이케아 그 신화와 진실》, 이마고, 2012.

월터 아이작슨, 안진환 옮김,《스티브 잡스》, 민음사, 2011.

유민호, 〈노벨상을 만든 교토 기질: 천황의 물건 만들던 자부심 한 가지만 파는 장인 스타일〉,《주간조선》, 2012.

유진우, 〈애플 제치고 세계 혁신 1위 나이키⋯⋯ 뒤쫓는 아디다스〉,《조선비즈》, 2013. 2. 18.

이나모리 가즈오, 우성주 옮김,《이나모리 가즈오의 아메바 경영》, 예문, 2007.

이나모리 가즈오, 홍성민 옮김,《좌절하지 않는 한 꿈은 이루어진다》, 더난출판사, 2011.

이성철, 〈[CEO리포트] 100년 넘는 '장수기업' 비결은?〉, 한국일보, 2002. 1. 20.

이형구, '맨유에 경영을 묻다 ① 맨유처럼 뛰고, 맨유처럼 팔아라',《이코노믹리뷰》, 2007. 4. 4.

장세룡·류지석, 〈기업주의 도시 맨체스터의 로컬리티(1984-현재)〉,《대구사학》제100권, 대구사학회, 2010.

전영수, 〈평범한 벤처에서 세계적 기업으로 성장한 교세라〉,《이코노미조선》 103호, 2013. 5.

찰리 채플린, 류현 옮김,《찰리 채플린, 나의 자서전》, 김영사, 2007.

천광암·서영아,《믿음을 팔아라》, 마이다스동아, 2008.

최태현, 〈세상을 변화시키는 첨단 소재 세라믹〉,《전기신문》, 2013. 8. 29.

트레이시 카바쇼, 서종기 옮김,《열정으로 시작해 꿈이 된 기업 나이키 이야기》, 라이온북스, 2011.

하워드 슐츠, 홍순명 옮김,《스타벅스 커피 한잔에 담긴 성공신화》, 김영사, 1999.

하워드 슐츠·조앤 고든, 안진환·장세현 옮김,《온워드》, 8.0, 2011.

한주한, 〈프랑스 첨단산업단지 미디피레네를 가다: 아웃소싱으로 첨단기술메카 일궈〉,《매일경제》, 1996. 10. 22.

허희영,《보잉 에어버스》, 길벗, 1996.

헨리 제임스, 최인자 옮김,《데이지 밀러Daisy Miller》, 펭귄클래식코리아(웅진), 2009.

Berfield, Susan, "Starbucks: Howard Schultz vs. Howard Schultz", *Businessweek*, August 6, 2009.

Bonander, Ross, "5 Things You Didn't Know: Starbucks", *BSPCN*, December 10, 200.

Brookner, Anita, *Hotel Du Lac*, Vintage, 1984.

Baker, Linda, "Developers Cater to Two-Wheeled Traffic in Portland, Ore.", *New York Times*, September 20, 2011.

Chaplin, Charlie, *My Autography,* Melville House Publishing, 1964 (2012).

Cooke, Kristina, "Chicago most caffeinated U.S. city", *Reuters*, November 6, 2007.

Crowther, Bosley, "Charlie Chaplin Dead at 88: Made the Film an Art Form", *New York Times*, October 26, 1977.

Cutural Oregon, "Oregon Biking Culture", June 5, 2011.

Ditto, Beth, "The Friendliest big little city in America", *The Guardian*, December 15, 2007.

Dunn, Katherine, "Twice Charmed by Portland, Oregon", *Smithsonian Magazine*, November 2010.

Fabricant, Florence, "Americans Wake Up and Smell the Coffee", *New York Times*, September 2, 1992.

Graham, Paul, "How to be Sillicon Valley", http://www.paulgrahm.com, May 2006.

Heer, Jean, 《Nestlé 125 years, 1866-1991》, Nestle, 1991.

Iyer, Pico, "Living among Incompatibles", *World Hum*, July 21, 2009.

James, Henry, *Daisy Miller*, Cambridge World Classics, 1878(2011)

Kyocera Corporation, "Kyocera Corporate Profile", 2013.

Markoff, John, *What the Dormouse Said: What the Sixties Counterculture Shaped the Personal Computer Industry*, Penuins Books, 2006.

McKinsey Global Institute, *Urban World: The Shifting Global Business Landscape*, October 2010

Nelson, Randy, "Austic vs. Portland: Which City Is More Hipster?", *Movoto*, July 16, 2013.

Nelson, Willie, *Roll Me Up and Smoke Me when I Die*, William Morrow, 2012.

Ozawa, Connie, ed., *The Portland Edge*, Island Press, 2004.

Rusnak, Christina, "Portland Culture: Oregon Travel Blogger Series", *Cultural Oregon*, February 22, 2012.

Sale, Roger, Seattle: *Past to Present*, University of Washington Press, 1976.

Stenebo, Johan, *The Truth About IKEA: How IKEA Built Its Global Funiture Brand*, GibsonSquareBooks, 2010.

참고 사이트

《포브스》 기업 정보: http://www.forbes.com/companies/kyocera.

교세라 공식 사이트: http://global.kyocera.com.

네이버캐스트의 일본 가나자와: http://navercast.naver.com/contents. nhn?rid=100&contents_id=7705.

스타벅스 공식 사이트: http://www.starbucks.com.

위키피디아: http://en.wikipedia.org/wiki/Bicycle_culture.

이케아 공식 사이트: http://www.ikea.com.

Walkscrore 공식 사이트: http://www.walkscore.com.

작은 도시 큰 기업

1판 1쇄 발행 2014년 5월 28일
1판 3쇄 발행 2014년 9월 22일

지은이 모종린

발행인 양원석
편집장 강훈
책임편집 송병규
교정교열 김연정
해외저작권 황지현, 지소연
제작 문태일, 김수진
영업마케팅 김경만, 정재만, 곽희은, 임충진, 장현기, 김민수, 임우열
윤기봉, 송기현, 우지연, 정미진, 윤선미, 이선미, 최경민

펴낸 곳 ㈜알에이치코리아
주소 서울시 금천구 가산디지털2로 53, 20층 (가산동, 한라시그마밸리)
편집문의 02-6443-8857 **구입문의** 02-6443-8838
홈페이지 http://rhk.co.kr
등록 2004년 1월 15일 제2-3726호

ISBN 978-89-255-5286-6 (03320)

RHK 는 랜덤하우스코리아의 새 이름입니다.